반딧불이
CEO

비난받던 산업폐기물업체를 반딧불이의 놀이터로 만들다

반딧불이 CEO

이시자카 노리코 지음 · 김혜영 옮김

1 ## 풋내기 여사장,
남자들의 회사에 뛰어들다

2 불량 사원들을 최고의 인재로 변화시키다

3 휴가는 무조건,
부업은 필수인 회사

4 반딧불이가 날아다니는
폐기물 업체

5 경쟁 업체에 아이디어를 공개하는 회사

맺는 글

산업폐기물 거리의 잔 다르크,
회사를 살리기 위한 전쟁에 나서다

다이옥신 보도가 불러온 태풍

"도코로자와(所沢)의 '산업폐기물 긴자'를 탈바꿈시킨 여성."

2014년 6월 26일, 〈니혼게이자이신문(日本經濟新聞)〉에 이런 제목의 기사가 보도되면서 큰 반향을 일으켰다. 분진과 매연으로 가득한 산업폐기물 처리업체 밀집 지역에서, 이시자카산업이 독자적으로 걸어온 친환경 행보를 조명한 기사였다. 지역 환경을 보호하는 전천후 설비를 도입하고, 반딧불이와 토종 꿀벌이 날아다니는 '숲 재생 프로젝트'에 뛰어든 나를 가리켜 사람들은 '도코로자와의 잔 다르크'라고 부르기 시작했다.

그러나 불과 십여 년 전, 우리 회사는 금방이라도 빛이 꺼질 듯한 암담한 상황에 놓여 있었다.

"도코로자와에서 생산된 채소에서 다이옥신이 검출되다."

1999년 2월 1일, 구메 히로시(久米宏) 아나운서가 진행하는 보도 프로그램 〈뉴스스테이션〉(TV아사히 계열)이 특집 뉴스를 방영했다. 제목은 '오염 지역의 신음, 농작물은 안전한가?'였다.

한 민간 환경측정 컨설팅회사가 사이타마(埼玉) 현 도코로자와 시의 농작물을 조사했는데, 그 결과 시금치를 비롯한 여러 엽채소에서 고농도의 다이옥신이 검출되었다는 것이 주요 내용이었다.

그 보도가 일으킨 지진은 한순간에 도코로자와 일대를 뒤흔들었다.

사이타마 현에는 도코로자와 시, 가와고에(川越) 시, 사야마(狭

山) 시, 미요시(三芳) 정에 걸쳐서 드넓은 잡목림이 펼쳐져 있다. 이곳에 산업폐기물 처리업체들의 소각로며 중간처리장이 집중되어 있어, 지역 주민들은 이곳을 '산업폐기물 긴자(銀座, 번화가)'라고 불렀다.

안 그래도 산업폐기물 처리 시설에서 배출되는 연기와 소각재에 다이옥신이 포함되어 환경을 오염시키는 것 아니냐는 우려의 목소리가 커지던 차였다. '도코로자와의 채소는 다이옥신에 오염되어 있다'라는 보도 내용은 여기에 불을 지피는 격이었다.

이 소식은 삽시간에 지역 전체로 퍼져나갔다. 그 결과, 지역 농산물을 판매하는 소매업자들은 도코로자와산 채소는 물론이고 사이타마 현 일대에서 생산되는 농작물 전체를 자체적으로 판매 금지하기 시작했다. 그야말로 대소동이 일어났다.

며칠 뒤, 다이옥신이 검출된 것은 채소가 아니라 엽차였다는 정정 보도가 나왔지만 때는 이미 늦었다. TV아사히가 "보도 내용에 오류가 있었다. 엽차의 다이옥신 농도도 건강에 악영향을 끼칠 수준은 아니다"라고 바로잡았음에도 소동은 가라앉지 않았다.

정정 보도 이후에 도코로자와 주변의 상가에서는 지역의 채소를 다시 팔기 시작했지만, 간토(関東) 근교의 상점들은 도코로자와산 채소를 일절 취급하지 않았다. 농가에서는 잘못된 보도 때문에 큰 피해를 보았다며 1999년 9월에 TV아사히를 상대로 피해 배상을 청구하는 집단 소송을 제기했다.

이때만 해도 나는 지역 주민으로서 이 사태가 그저 안타까웠을

뿐, 내 인생이 완전히 달라지리라고는 예상하지 못했다.

사태가 급변한 것은 얼마 후였다.

"상황이 이렇게 된 건 모두 다이옥신을 배출하는 산업폐기물 처리업체들이 이곳에 있기 때문이다!"

이 한마디가 모든 것을 바꾸어놓았다. 주민들의 들끓는 분노와 비난을 담은 화살이 산업폐기물 처리업체들에게 쏟아지기 시작했다. 반대운동의 불티는 미디어의 보도로 한층 더 확산됐고, 우리 회사 이시자카산업은 다른 어느 업체보다도 더 큰 공격의 대상이 되었다.

나는 아버지와 이야기를 나누었다. 주민 반대운동에 한창 시달린 탓인지 아버지는 전에 없이 초췌한 모습이었다. 평소 우리 부녀는 회사에서 '사장'과 '영업본부장(당시)'의 관계를 고수했지만, 이날만큼은 아버지와 딸로서 대화를 나누었다.

자세한 내용은 뒤에서 다시 다루겠지만, 나는 이때 내 멋대로 각오를 굳혔다.

'이 회사를 이어갈 사람은 나밖에 없다'고.

그리고 2002년, 나는 서른 살의 나이로 아버지의 뒤를 이어 2대 사장에 취임했다. 반대하는 아버지를 설득해 간신히 마음을 돌린 후였다. 그렇게 나는 회사를 '영속 기업'으로 일구겠다는 과제를 안고서 마침내 무거운 첫발을 내디뎠다.

당시 상황은 심각했다.

"이시자카산업 반대!"

"이시자카는 이 마을에서 나가라!"

우리 회사를 반대하는 내용의 큼지막한 현수막이 여기저기에 걸려 있었고, 굴뚝에서 조금이라도 하얀 연기가 피어오를라치면 사람들은 손가락질을 하며 사진을 찍어댔다.

회사는 회사대로 어수선하기 그지없었다. 사내 분위기가 영화 속 불량 학생들의 아지트를 방불케 할 정도였다. 회사 곳곳에는 만화책이며 도색잡지가 쌓여 있었고, 직원들은 안전모를 쓰기는 커녕 샌들을 질질 끌고서 담배를 입에 문 채 일했다.

사장에 취임한 내가 회사를 개혁하기 시작하자 반년 만에 직원의 40퍼센트가 "사장 하는 꼴이 같잖다", "더러워서 못 하겠다"라며 회사를 나가버렸다.

지역 주민들에게는 증오의 대상이었고, 사내에서는 개혁을 시도하자마자 직원들이 대거 이탈하는 사태를 맞았다. 그야말로 절체절명 상황에서 배는 닻을 올렸다.

반딧불이와 꿀벌이 날아다니는 산업폐기물 처리회사

그로부터 12년의 세월이 흘렀다. 이시자카산업은 12년 전과 마찬가지로 여전히 사이타마 현 미요시 정에서 건축 산업폐기물을 이용한 리사이클 사업을 운영하고 있다.

그러나 두 가지가 크게 달라졌다.

하나는 연기가 나오던 굴뚝이 사라졌다는 것.

그리고 다른 한 가지는 공장 설비 주변에 아름다운 숲이 생겼다는 것이다.

현재 우리 회사에서 관리하는 부지는 도쿄돔 4개의 면적과 맞먹는다. 그런데 그중 공장 설비는 20퍼센트뿐이고, 나머지 80퍼센트는 모두 숲이다. 영속 기업으로 변모하겠다는 과제를 달성하기 위해 '숲 재생'과 '지역 공생'에 뛰어든 결과다. 우리는 공장 주변의 잡목림을 지역 주민들이 모여서 어울릴 수 있는 공원으로 조성했다. 바로 '숲 재생 프로젝트'다.

마치 정글처럼 나무가 빼곡히 우거져서 대낮에도 어두침침했던 잡목림은 이제 공원으로 탈바꿈해 환한 햇살 아래 모습을 드러냈다. 이곳 가보쿠엔(花木園) 공원에는 깨끗한 물에서만 서식하는 일본의 천연기념물 반딧불이 '겐지보타루(源氏蛍)'와 멸종위기종인 토종 꿀벌이 산다.

특히 이 공원에서 생산되는 벌꿀은 언론의 극찬을 받을 만큼 품질이 뛰어나다. 해마다 9월이 되면 꿀을 판매하는데 개시하자마자 매진될 정도로 인기가 높다.

산업폐기물 처리업체의 사장이 젊은 여성이다. 게다가 산업폐기물이라면 '자연'이나 '환경'과는 거리가 한참 멀 것 같은데 인근 숲에 반딧불이와 토종 꿀벌이 서식한다고 한다.

여기에 흥미를 느낀 전국 각지의 경영자들, 연예인과 정치인, 베스트셀러 작가들, 지역 주민, 초등학생들이 우리 회사를 보러 이 외진 곳까지 찾아온다.

내가 내세웠던 목표는 산업폐기물 처리업체답지 않은 산업폐기물 처리업체, 즉 '탈(脫) 산업폐기물 업체'였다. 이 부분이 사람들 눈에는 색달라 보였을 것이다. 그래서인지 요즘에는 텔레비전이나 잡지의 취재 요청도 잇따른다. 회사가 무너지기 일보직전이던 12년 전에는 결코 상상하지 못했던 일이다. 이런 산업폐기물 처리업체는 틀림없이 전 세계에 우리 회사밖에 없으리라.

나는 이시자카산업이 추진해온 일련의 활동을 '산촌자본주의'라고 부른다. 모타니 고스케(藻谷浩介)의 베스트셀러《숲에서 자본주의를 껴안다》(동아시아)에서 따온 말이다.

《숲에서 자본주의를 껴안다》에서 말하는 '산촌자본주의'란, 주거지 근처의 뒷산이나 산림을 자본으로 인식하여 이를 보호하고 활용해서 새로운 가치를 창출한다는 의미다. 무엇이든 돈을 주고 살 것이 아니라, 생활에 필요한 것들을 버려진 산림에서 기르고 거둬들이거나 혹은 물물교환을 통해 조달할 수 있다는 것이다.

우리 회사 역시 버려진 잡목림을 활용하여 새로운 가치를 창출한다. 우리는 황폐한 숲을 아름답게 가꾸었고, 이곳을 이용해서 벌어들인 이익을 지역사회에 환원하며, 이곳을 환경 교육의 거점으로 삼고 있다.

현재 이시자카산업의 목표는 이런 일련의 과정을 통해 일본뿐만이 아니라 전 세계에서 사람들이 찾아오는 회사로 성장하는 것, 그렇게 브랜드 가치를 높여서 지역에 필요한 기업으로 발전해나가는 것이다.

비난이 쏟아지던 기업은 어떻게 지역의 자랑거리가 되었나?

서른이라는 나이로 사장에 취임했을 때 우리 회사는 낭떠러지 끝에 서 있는 듯한 상황이었다. 그러나 2014년 8월 기준, 현재 회사의 연결매출은 41억 3,000만 엔(약 413억 원)을 돌파한 후 계속해서 상승 곡선을 그리고 있다(2017년 8월 기준으로는 513억 원). 이처럼 착실하게 이익을 올려 사원들과 지역에 환원하고, 숲 재생과 지역 공생을 꾀하는 '산촌자본주의'를 실천한 것이 좋은 평가를 받아 2012년에는 일본생태계협회의 'JHEP(서식지평가인증제도)' 심사에서 최고 등급 'AAA'를 획득하기도 했다(일본 내에서 우리 회사를 포함해 두 곳만 선정됐다).

일본어로 '오모테나시'는 '진심 어린 환대'를 뜻하는 단어다. 이시자카산업은 2013년 일본 경제산업성의 '오모테나시 경영기업선'에 선정되었다. 지역사회와의 유대 관계를 소중히 여겨 고객에게 고부가가치 서비스를 제공하는 기업이라 인정받은 덕분이다. 여기에 더해, 사원들의 의욕과 능력을 최대한으로 끌어냈다는 평가도 받았다.

2014년에는 일본청소협회가 주최하는 '청소대상(掃除大賞)'과 '문부과학대신상(文部科學大臣賞)'을 동시에 수상하는 영예를 안기도 했다.

 우리의 이런 노력과 활동은 니혼TV의 한 프로그램에 소개되면서 더 자세히 알려졌고, 덕분에 나는 2014년 겨울부터 메이지대학(明治大学) 경영학부 강사로 교단에 서게 되었다.

 사람들은 우리 회사의 놀라운 성장을 놓고 여러 가지를 궁금해한다. 이 책에서는 아래와 같은 질문에 아낌없이 답을 공개하려한다.

- 결혼하여 가정까지 있는 여사장이 어떻게 쓰러져가는 회사를 성공적으로 경영하여 한 차원 높은 단계로 끌어올릴 수 있었을까?
- '이시자카산업은 나가라!'라는 현수막이 걸려 있던 회사가, 어떻게 지역 주민 700명이 한데 모이는 여름 축제를 주최하게 되었을까?
- 직원들이 새로운 정책에 반발하여 절반 가까이 회사를 나가는 상황에서도 왜 사장은 개혁의 고삐를 늦추지 않았을까?
- 외진 잡목림에 일본 전역은 물론이고 세계 각지에서 사람들이 몰려드는 까닭은 무엇일까?
- 도요타(TOYOTA), ANA항공(All Nippon Airways), 일본경영합리화협회 등 대기업들까지 산업폐기물 처리업체로 견학을 오는 이유는 무엇일까?

• 사원 수가 고작 135명인, 그리 유명하지도 않은 회사의 사장이 무슨 이유로 수상 관저에 초청을 받았을까?

'외진 숲'을 이용해 세계가 찾는 브랜드를 만들다

이시자카산업을 방문하는 사람이면 누구나 한마디씩 하는 이야기인데, 우리 회사는 정말 '외진 곳'에 있다.

도쿄(東京) 도에 인접한 사이타마 현 이루마(入間) 군에 본사가 있기는 하지만, 각기 다른 철도 노선인 후지미노(ふじみ野) 역과 신토코로자와(新所沢) 역 중간에 위치하기 때문에 어느 역에서 내리든 택시를 타고 15분은 더 들어와야 한다. 교통이 결코 편리하다고 할 수 없는 이곳에 사람들은 버스 투어를 조직해 찾아온다.

플로리다 에커드대학(Eckerd College)의 학생들, 남미 카리브해 연안의 10개국 대사들, 모테기 도시미쓰(茂木敏充) 전(前) 경제산업성 대신, 우에다 기요시(上田清司) 사이타마 현 지사, 그리고 여러 방송인들이 우리 회사를 찾아왔다. 민간 기업에 10개국의 외교단이 방문한 것은 특히나 매우 이례적인 일이라고 한다.

내가 생각하는 '산촌자본주의'란

지역 주민들에게 진심으로 사랑받고,

하나의 사업체로서 착실하게 이익을 내서,

지역과 나라에 계속 세금을 낼 수 있는 '영속 기업'이 되는 것이다.

도시와 떨어진 산간지대에서, 그것도 사람들에게 손가락질받던 산업폐기물 처리업체가 자기만의 산촌자본주의를 멋지게 이뤄냈다. 그러니 어떤 지역에 있는, 어떤 업종의 회사라 하더라도 우리를 모델 삼아 자신의 브랜드 만들기에 성공할 수 있으리라 믿는다.

풋내기 여사장의 12년 전쟁

우리가 진행한 개혁의 역사 뒤편에서 나는 12년간 온갖 갈등을 겪어내야 했다. 2대 여사장으로서 아버지, 사원들, 지역 주민, 고객, 행정기관 담당자들을 대상으로 온 힘을 다해 맞섰으며, 숱한 날을 잠 못 이루며 버텼다. 그 시간을 한마디로 표현하자면 '2대 여사장의 12년 전쟁'이라 할 것이다. 날마다 기를 쓰고 사방으로 돌진했던 그 현장은, 그 어떤 긴장감 넘치는 영화보다도 더 드라마틱한 곳이었다.

평균 연령 55세의 고집 센 남자들이 가득한 회사에, 어느 날 갑자기 서른 살의 풋내기 사장 딸이 뛰어들었다. 그러고는 '이제부터 내가 사장이 되겠노라'고 선언했으니 그 길이 어찌 순탄하기만 했겠는가.

- '서른 살 임시 사장'의 기한은 1년이었고, 성과를 내지 못하면 1년 후 즉시 해임된다는 것이 전제였다.
- 무섭기만 한 아버지 밑에서 나만의 입지를 굳히기 위해 하루도 거르지 않고 '아침 15분간의 의식'을 치렀다.

- 기존의 회사 분위기와는 이질적인 '순회보고지도서를' 작성하기 시작했으며, 사원들의 40퍼센트가 현장을 떠나는 와중에도 12년간 하루도 빠짐없이 이어왔다.
- 새로 입사한 직원들이 줄줄이 사표를 쓰던 회사가 현재는 업계 최고 수준의 복리후생 제도와 임금 체계, 교육 프로그램을 갖춘 조직으로 거듭났다.
- '쓰레기장 딸'이라고 무시당하면서도 고객사와 끈질긴 협의를 시도한 끝에 가격 조정에 성공했다.
- 최악의 블랙리스트 회사라는 선입견을 깨고, 관공서를 상대로 신규 사업계획의 허가를 받아냈다.
- 30대 중반. 지옥 같은 슬럼프를 통과하던 시기, 할리데이비슨에 올라 바람을 가르며 '오모테나시'를 배웠다.

끝도 없이 써내려갈 수 있을 정도로 참 많은 일들이 연달아 일어났다.

일본청소협회의 '청소대상'과 '문부과학대신상'을 동시에 받았을 때 사원들은 감동의 눈물을 흘리며 내게 말했다.

"사장님, 정말 기쁩니다."

그때만큼 내 고생이 큰 보상을 받았다고 느낀 적이 없었다.

우리 회사는 아직 발전하는 중이다. 해결하지 못한 문제도 수두룩하다. 그럼에도 이렇게 펜을 잡은 것은 나의 노력과 성과들이 누군가에게 희망이, 혹은 길잡이가 되기를 바라기 때문이다.

경영자로서, 간부로서, 혹은 일반 사원으로서, 시간제 근로자로서 힘겨운 고민을 안고 있는 이들, 막막한 벽에 가로막혀 실의에 빠진 사람들에게 나의 경험이 조금이라도 도움이 되리라 믿는다.

나는 회사에 이미 존재하는 것들을 활용하고, 활용하고, 또 활용했다.

아버지가 만든 회사를 활용했고, 기존의 사원들을 활용했고, 회사 주변에 있는 황폐한 잡목림을 활용해서 오늘에 이르렀다.

아무리 상황이 막막할 때라도 '내 주위에 있는 것을 활용해 새로운 활로를 찾을 수 있다'고 나는 믿는다. 부디 나의 경험이 여러분의 활로를 찾는 데 도움이 되었으면 한다.

사옥 6층에서 장대한 숲을 바라보며…….
어느 길한 날에.

이시자카산업 주식회사 사장
이시자카 노리코

1

풋내기 여사장,
남자들의 회사에 뛰어들다

동네북이 된 회사

"우리가 곤경에 처한 건 모두 다이옥신을 방출한 산업폐기물 처리업체들 때문이다!"

1999년 2월 1일에 방영된 보도 프로그램이 도코로자와의 '다이옥신 소동'에 불을 붙인 후, 비난은 근처 잡목림에 입주해 있던 산업폐기물 처리업체들을 향해 번져나갔다.

사이타마 현에는 도코로자와 시, 가와고에 시, 사야마 시, 미요시 정에 걸쳐 '구누기야마(くぬぎ山)'라는 잡목림이 펼쳐져 있다. 이곳에 산업폐기물 처리업체들이 모여 있어서 당시 사람들은 이곳을 '산업폐기물 긴자'라고 불렀다. 도쿄에서 가장 번화한 거리 '긴자'에서 따온 명칭이었다.

이시자카산업은 이곳 잡목림 내에서도 최대 규모를 자랑하는 산업폐기물 처리업체로, 소각로를 3기나 보유하고 있었다.

폐기물을 소각하면 소각로의 굴뚝에서는 하얀 증기가 뿜어져 나온다. 특히 기온이 낮은 겨울철에는 구름 모양의 수증기가 뭉게 뭉게 피어오른다.

다이옥신 보도가 전파를 탄 이후, 굴뚝에서 증기가 올라올 때마다 사람들은 "다이옥신이다!" 하고 손가락질을 하며 사진을 찍어댔다. 그리고 공장 주변에는 '이시자카산업 반대!', '이시자카는 이 마을에서 나가라!'라고 적힌 현수막이 여러 장 내걸렸다.

이 광경이 방송 매체를 통해 확산되는 통에 반대운동은 날이 갈수록 거세져만 갔다. 지역의 시의회의원들이 "소동의 원흉인 다이옥신을 제로 수준으로 만들어야 합니다!"라며 지역 주민들에게 호소했고, 시민활동단체며 환경단체들은 날마다 공장 주변을 조사하고 다녔다. 그리고 2001년 6월, 지역 주민들은 사이타마 현에 이시자카산업의 산업폐기물처분업 허가를 취소해달라며 소송을 제기했다.

사태는 날이 갈수록 심각해졌다. 실상 창업자인 아버지는 소동이 일어나기 2년 전인 1997년에 이미 선구적인 안목으로 다이옥신이 배출되지 않는 새 소각로를 도입해 사용하고 있었다. 정부가 산업폐기물 소각로를 법률로 규제하리라 내다보았던 것이다. 덕분에 누구보다도 발 빠르게 새로운 대체 소각로를 갖출 수 있었다.

일본 최초의 다이옥신 정화 소각로는 업계 소식지에서 "가장 새롭고도 뛰어난 방안"이라는 평가를 받았지만, 지역 주민들로부터 전혀 인정받지 못했다. 그 누구도, 어느 산업폐기물 처리업체가 어떤 소각로를 사용해서 어떻게 폐기물을 처리하는가 따위에는 관심이 없었다. 산업폐기물 처리업체는 그냥 산업폐기물 처리업체일 뿐이었다.

오히려 주민들은 그 누구보다 먼저 다이옥신에 관한 대책을 세운 우리 회사를 눈엣가시로 여겼다. 다이옥신 대책을 세우지 않은 회사라면 반대운동만으로도 얼마든지 소각로 가동을 중단시킬 수 있지만, 이시자카산업은 달랐다. 우리 회사의 소각로는 이미 다이옥신을 배출하지 않는 상태였으므로, 소각로를 계속 가동하는 것이 법률상 아무런 문제가 되지 않았기 때문이다.

소각을 멈추게 만드는 것이 불가능해지자 주민들의 증오는 더 크게 타올랐고, 우리 회사를 겨냥한 반대운동의 집중포화는 점점 더 날카로워졌다.

주간지들은 제대로 취재를 하지도 않고서 쓰고 싶은 대로 기사를 냈다. 사실을 왜곡한, 초점이 빗나간 기사들뿐이었지만 영향력은 막강했다. 우리와 거래를 하던 크고 작은 건설사들은 주민 반대운동에 대해 알게 되자 일방적으로 거래 정지를 통보해왔다.

한 대형 건설업체의 영업부장은 내 면전에 대고 이렇게 소리를 치기도 했다.

"당신네 같은 업체와는 두 번 다시 거래할 일 없을 줄 알아!"

억울했다. 왜 아무도 진실을 알아주지 않느냐고 소리치고 싶었지만, 그저 이를 악물고 참는 수밖에 없었다.

아버지의 뜻을 이어받은 날

어느 날 일을 마치고 집으로 향하는 길에, 벽에 붙은 전단지 한 장에 시선이 닿았다.

"자녀가 아토피로 고생하고 있지는 않습니까? 모두 산업폐기물 처리업체에서 배출하는 다이옥신 때문입니다. 도코로자와에서 산업폐기물 처리업체를 몰아내기 위해 서명해주십시오."

자신의 아이가 직접 피해를 입을지도 모른다고 생각한다면 누구라도 당장 서명하고 싶어지리라. 주민 반대운동은 좀처럼 잠잠해질 기미가 보이지 않았다.

'정말로 궁지에 몰렸구나. 사방이 다 적이야……'

사태의 심각성을 절감했다.

다음 날, 나는 사장실로 향했다. 봄날 오후의 햇살로 환해야 할 사무실이 무척이나 어둡게 느껴졌다. 납처럼 무거운 공기가 회사 안을 가득 채우고 있었다.

"아버지……"

나는 회사 내에서 '아버지'가 아닌 '사장님'이라는 호칭을 늘 사용하곤 했다. 회사에서는 어디까지나 사장과 영업부장의 관계로 만난다는 것이 우리 부녀의 규칙이었기 때문이다. 하지만 그날만큼은 '아버지'라는 말로 입을 열었다.

"일이 너무 커졌어요."

아버지는 말없이 나를 바라보았다.

"앞으로 어떻게 하실 생각이세요?"

주변의 다른 산업폐기물 처리업체들 중에는 문을 닫거나 이전을 결정한 곳도 있었다.

"어떡하긴. 계속해야지."

아버지의 목소리는 여느 때처럼 무뚝뚝했지만 힘이 한풀 꺾여 있었다.

나는 그때까지 단 한 번도 아버지와 일에 관해 진지한 대화를 나눈 적이 없었다. 아버지는 자식에게 엄했고, 말보다 손이 먼저

나가는 분이었다. 어릴 때부터 젓가락을 바르게 쥐지 않으면 그 자리에서 손이 날아왔고, 책가방을 현관에 아무렇게나 놔두기라도 하면 아버지가 마당의 풀숲으로 내동댕이치는 일이 다반사였다. 아버지 입에서 나오는 말 역시 자상함과는 거리가 한참 멀었다. "지금 뭐하는 거야?", "이런 바보 같으니!", "까불지 마!"

그래서 나는 늘 아버지가 무섭기만 했다. 더구나 아버지는 자신이나 회사에 관한 이야기를 입에 담는 일이 일절 없었다. 하지만 지금처럼 심각한 상황에서 나는 아버지에게 질문하지 않을 수 없었다.

"아버지, 왜 이 회사를 만드셨어요?"

굳은 얼굴로 한참을 묵묵히 있던 아버지가 천천히 입을 뗐다.

"농사짓는 집에서 태어났는데 형제도 많고, 고등학교에 갈 형편이 되지 않았어. 그래서 중학교를 졸업하고는 생선 가게에 들어가 일을 배웠지. 이른 아침부터 늦은 밤까지. 일이 어찌나 고되던지, 어떻게든 돈을 모아서 운전면허를 따야겠다고 마음먹었다. 택시 기사가 되든 장거리 운전기사가 되든 해야겠다고."

아버지에게서 이런 이야기를 들은 것은 그때가 처음이었다.

"그런데 결혼하고 아이가 생기자 좀 더 안정적인 일을 해야겠다는 생각이 들더구나. 그래서 큰맘 먹고 덤프트럭을 샀지. 날마다 건축 현장에서 나오는 쓰레기를 오다이바(お台場)에 있는 쓰레기 매립지로 실어 날랐어. 그런데 말이야, 아침 대여섯 시밖에 되지 않았는데도 백 대가 넘는 덤프트럭들이 줄을 지어 서 있는 거야.

덤프트럭들은 산더미 같은 쓰레기를 그곳에 내려놓고 돌아갔지. 끝도 없이 계속해서……."

아버지의 이야기를 듣고 있으려니 어릴 적에 찍은 사진이 생각났다. 사진 속의 나는 험상궂게 생긴 아저씨들의 무릎 위에 앉거나 목말을 타고 있었다. 그 아저씨들은 아버지 회사의 직원이었다. 초등학교 2학년 때쯤, 회사 직원 분들이 우리 집에 들어와 같이 살게 되었다. 집 안은 마치 노무자 합숙소를 방불케 했지만, 지금도 그분들이 날 참 예뻐해주었던 기억이 난다.

본래 우리는 도쿄 도 네리마(練馬) 구에서 살았는데, 몸이 약한 나 때문에 사이타마 현 후카야(深谷) 시로 이사를 했다. 그곳에서 다섯 살 정도까지 살다가 다시 원래 살던 네리마 구로 돌아왔다.

집은 이사할 때마다 커졌다. 당시 아버지는 주로 비계(높은 곳에서 공사할 수 있도록 임시로 설치한 가설물-옮긴이) 해체 작업을 맡았는데, 회사가 순조롭게 커나갔던 듯하다.

"날이면 날마다 해체한 폐자재를 매립지로 실어 날랐지. 그런데 그중에는 쓸 만한 것들이 꽤 많았어. 아깝다는 생각이 들더구나. 게다가 언제까지 쓰레기 버리는 일로 먹고살 수 있겠니? 그런 시대는 곧 끝날 거라고, 앞으로는 재활용을 해야 한다고 생각했어. 그래서 이 일을 시작했지. 정처 없이 떠돌지 않고 어느 한곳에 터를 잡겠다고 결심했다. 너희들에게 안정된 삶을 주고 싶었어."

아버지는 '상인'이라기보다 '장인' 기질을 지닌 분이었다. 평소 말수가 없는 아버지에게서, 어떤 마음으로 회사를 이끌어왔는지를 들은 것은 태어나 처음이었다. 기쁜 동시에 이 회사에 얼마나 무거운 무게가 실려 있는가를 분명히 느낄 수 있었다.

아버지는 진지한 얼굴로 말을 이었다. 리사이클 사업을 시작해야겠다고 결심한 후, 몇 군데의 후보지 중에서 지금의 토지를 구입하여 산업폐기물 처리 사업을 시작했다고 했다.

"아이들에게 물려줄 수 있는 회사를 만들고 싶었어. 그런 마음으로 이 회사를 세웠지."

서른 살의 여사장, 난폭한 남자들의 세계에 뛰어들다

아버지의 그 한마디를 듣는 순간, 머릿속의 다른 잡음들이 일제히 멈추는 느낌이었다. 평소의 아버지라면 절대로 그런 말씀을 할 분이 아니었다. 나는 장녀였고, 당시 자녀들 가운데 아버지 회사에서 일하는 사람은 나뿐이었다.

'그래, 아버지 회사를 이어받을 사람은 나밖에 없어!'

그런 생각이 스치고 지나가자, 나도 모르게 이렇게 불쑥 말하고 말았다.

"아버지, 제게 회사를 물려주세요!"

오랜 시간 심사숙고해서 내린 결정이 아니었다. 그저 아버지가 세운 이 회사를 어떻게든 되살리고 싶다는 생각뿐이었다.

놀란 아버지는 "그게 무슨 말도 안 되는 소리냐!"라며 내 제안을 단번에 물리쳤다.

"여자가 할 수 있는 일이 아니야! 너도 일을 해봐서 알 것 아니냐?"

단호한 말투였지만, 나는 그렇게밖에 말하지 못하는 아버지의 심정을 헤아릴 수 있었다. 당시 산업폐기물 회사에 드나드는 트럭 운전사들은 대부분 단정한 모습이 아니었다. 말이나 행동이 거칠었고 문신을 한 사람도 꽤 많았다. 그래서 세간에는 이곳이 '착실한 업계'는 아니라는 인식이 일반적이었다. '제대로 된 직장을 구하지 못하는 사람들이 가는 곳'이라거나, '야쿠자들이나 하는 일'이라는 이야기를 흔하게 들었다. 그야말로 전형적인 남자들의 사회였다. 그것도 아주 난폭한······.

그렇기에 아버지는 '여자는 할 수 없는 일'이라고 단언한 것이다. 나는 갓 서른이 된 젊은 '여자'였고, 결혼해서 젖먹이 큰애를 둔 상황이었다. 설상가상 뱃속에는 둘째를 임신하고 있었다.

그러나 나는 '여자도 할 수 있다'는 묘한 자신감이 있었다. 그것은 경영을 잘할 수 있다는 자신감이 아니라, 아버지의 뜻을 이어나갈 수 있다는 어떤 신념이었다.

내 앞에서는 딱 잘라 말했지만 아버지도 틀림없이 고민에 고민을 거듭했으리라.

며칠 뒤, 아버지가 나를 불렀다.

"하고 싶으면 해봐. 네가 무엇을 할 수 있는지 증명해봐. 1년의 시간을 주마."

서른 살이 되던 2002년, 그렇게 나는 '사장' 직함을 받았다. 아버지의 의견에 따라 일단은 '임시 사장'으로서 1년간의 시험을 치르기로 했다.

사장이 된 나는 의욕에 가득 찼다. 당장이라도 시도해보고 싶은 이런저런 것들이 머릿속에 넘쳤고, 반드시 해내겠다는 의지가 끓어올랐다.

세상에 두려울 것 없던 '두목 딸' 시절

아버지가 회사를 세운 이유를 듣자마자 앞뒤 가리지 않고 "제가 물려받을게요!" 하고 손을 번쩍 들었지만, 사실 그 전까지만 해도 아버지 뒤를 잇겠다는 생각은 단 한 번도 해본 적이 없었다.

초등학교에 다닐 때는 아버지가 무슨 일을 하는지 아예 관심이 없었다. 회사 직원들과 같이 살면서도 우리 집 가정환경이 남들과 다른 줄 몰랐다. 그저 그 아저씨들이 나를 예뻐해주니까 좋았고, 가끔씩 커다란 중장비를 타게 해줘서 신날 뿐이었다.

그런데 중학생이 되자 반 아이들의 놀림을 받기 시작했다. 당시 회사 이름이 '이시자카쿠미(石坂組)'였는데 야쿠자 두목을 가리키는 '구미쵸(組長)'와 발음이 비슷하다는 이유로 내 별명은 '두목 딸'이 되었다.

내가 회사 이름이 새겨진 수건을 쓰고 있으면 아이들은 그냥 지

나치지 않았다,

"얼레리 꼴레리, 두목 딸이래요."

"하지 마!"

"아이고 무서워라. 역시 두목 딸은 다르네!"

그런 놀림을 받는다고 풀이 죽을 내가 아니었지만, 하도 끈질기게 놀려대는 통에 아버지께 회사 이름을 좀 바꾸었으면 좋겠다고 부탁하기도 했다.

내가 부탁을 한 지 1년 후, 아버지는 정말로 회사 이름을 '이시자카산업'으로 바꾸었다. 그리고 다시 1년 후에는 목재 리사이클 사업을 시작했다. 그때도 나는 목재가 어디에서 와서 어떤 과정을 거쳐 어디로 가는지 알지 못했고, 흥미조차 없었다.

'수상한 아르바이트'를 그만두고서 깨달은 것

내가 청소년 시절에 동경하던 직업은 인테리어 코디네이터였다. 하지만 어떻게 해야 그 일을 할 수 있는지 아무런 정보가 없었다. 그래서 미국 유학을 가야겠다고 마음먹었다. 더 넓은 세상을 보고 내가 원하는 일을 공부해야겠다는 생각이었다.

그런데 막상 유학을 가서는 학교를 이내 관두고 이리저리 놀러 다니기에 바빴다. 하루는 자동차 운전면허증을 따러 관공서에 갔는데, 우연히 담당 직원의 손톱을 보고는 눈이 휘둥그레졌다. 직원은 날렵하고 길게 기른 손톱을 화려한 매니큐어로 장식한 채 업무를 보고 있었다. 예전에 한창 주목을 끌던 미국의 여성 육상선수 그리피스 조이너(Florence Griffith Joyner)의 손톱을 연상케 했다.

그 모습이 어찌나 신기하던지, 친구들에게 미국의 손톱 문화에 대해 물어보았다. 그랬더니 미국에서는 슈퍼마켓에 가듯 네일숍에 들러 손톱 손질을 받는다는 것이었다. 순간 '일본에서 네일숍을 열면 사업이 되겠구나.' 싶었다.

그렇게 본래 품었던 인테리어 코디네이터라는 꿈을 버리고 네일 아티스트가 되겠다는 생각으로 집에 돌아왔다. 새로운 꿈을 이루려면 자격증을 취득해야 했다. 그래서 먼저 돈을 모으고자 이벤트 도우미 아르바이트를 시작했다.

아버지는 내 아르바이트를 못마땅하게 여겼다. 유학까지 보내놓았더니 시집도 안 간 딸이 '수상한 아르바이트'나 하고 있다고 생각하신 모양이다.

"아버지, 이상한 아르바이트 아니에요. 자격증 따려고 돈 모으는 거예요."

"그러면 회사 일이나 도우러 나와라!"

그렇게 나는 이시자카산업에 사무원으로 입사했다. 1992년, 스무 살 때였다. 지금 생각해보면 그 순간이 곧 내 삶의 전환기였지만, 당시는 무슨 대단한 각오로 결단을 내린 것은 아니었다. 그저 네일 아티스트가 되기 위한 자금을 마련하겠다는 가벼운 마음으로 회사에 들어갔다. 나는 입사 5년차에 실제로 네일 아티스트 자격증을 땄다. 그리고 이후에도 네일숍을 여는 데 필요한 자금을 더 모아야겠다는 생각에 계속 회사에 나갔다. 설마 그대로 눌러앉게 되리라고는 꿈에도 생각하지 못했다.

다만, 사무원으로 일하면서 한 가지 깨달은 사실이 있었다.

'이 일은 사회에 꼭 필요한 일이구나!'

지구상의 쓰레기는 모두 인간이 만들어낸다. 따라서 그 뒷정리 역시 온전히 인간의 몫이어야 한다. 쓸모없어진 쓰레기를 무작정 땅에 묻거나 태워버리기보다, 다시 가치 있는 물건으로 바꿔서 내놓는 것이 우리들 세상에 훨씬 이로운 일이다.

나는 이시자카산업이 '좋은 일'을 하는 회사라고 확신했다.

'쓰레기장 딸'의 결심

하지만 나의 생각과 다르게 외부에서는 우리 회사에 형편없는 평가를 내렸다. 회사에 걸려오는 전화를 받으면 으레 얕잡아 보는 듯한 거만한 목소리가 들려왔다.

"거기 쓰레기장이죠? 쓰레기 버릴 건데 얼마면 됩니까?"

마치 '내가 너희 쓰레기장에 쓰레기를 버려주마.' 하는 태도였다. 하루에도 몇 번씩이나 이런 전화를 받으면서, 우리 회사가 사회적으로 아주 낮은 위치에 있음을 실감했다.

나를 가리키는 말에서도 '존중'이라고는 느낄 수가 없었다.

"이 아가씨가 '이시자카 쓰레기장 딸'이야."

'산업폐기물 중간처리업'이라는 버젓한 명칭이 있으니 '쓰레기장'이라 함부로 부르지 말라고 외치고 싶었다. 쓸모없어진 것들을 다시 사용할 수 있게 만드는 가치 있는 일을 하고 있건만, 아무도 인정해주지 않았다.

'사람들에게 좀 더 자랑할 수 있는 회사가 되었으면 좋겠다.'

'정당하게 평가받는 회사로 만들고 싶다.'

나는 몇 년 동안이나 이런 바람을 마음속에 꾹꾹 눌러 담았다. 그래서 사장이 되자마자 '탈 산업폐기물 업체'를 목표로 내세웠다.

'쓰레기장'이라고 멸시당하면서 업계에서 차별받는 일은 이제 끝내겠다고, '산업폐기물 처리업체답지 않은 산업폐기물 처리업체'를 만들겠다고 다짐했다.

150억 원짜리 소각로를 해체하다

그래서 내린 첫 번째 결단이 바로 '소각로 처분'이었다. 당시 이 소각로를 통해 회사가 얻는 매출은 전체의 70퍼센트에 달했다. 그렇기에 소각로를 포기한다는 것은 자칫 회사의 기반을 흔드는 일이 될 수도 있었다. 하지만 회사를 향한 반대운동이 잦아들 기미를 보이지 않는 상황에서 나는 무거운 결단을 내릴 수밖에 없었다.

이시자카산업의 소각로는 쓰레기를 태워도 다이옥신이 배출되지 않는다고 아무리 항변을 해도 소용이 없자, 아버지는 이렇게 말했다.

"지역에 필요 없는 일을 해봐야 무슨 소용이 있나……."

아버지가 15억 엔(약 150억 원)을 들여 다이옥신 정화 소각로를 만들었던 건, 분명 인생을 건 마지막 투자였으리라. 지금의 소동이 일어나기 겨우 2년 전이었다. 그때 아버지는 완성된 최신식 소각로를 보며 감격에 젖었다. 맨주먹에서 시작해 그 자리에 이르기까지 얼마나 많은 굴곡을 거쳐야 했을까.

새 소각로의 시연회 자리에는 전국 각지의 수많은 업계 종사자들이 참석했다. 그들은 줄을 서서 아버지와 명함을 교환했다. 업계 소식지에서는 아버지를 이 분야의 '선구자'라고 치켜세웠고 동업자들은 입을 모아 아버지의 리더십과 카리스마를 칭찬했다. 그런데 불과 2년 만에 회사는 밑바닥으로 떨어졌다. 마른하늘에 날벼락이 따로 있을까?

지역 주민들이 "이시자카는 나가라!"라고 외칠 때, 아버지는 내색하지 않았지만 무척이나 고통스러웠을 것이다. 그런데 나는 지금 그 쓰라린 상처를 들쑤셔야 했다.

"회사가 없어지는 것도 아닌데, 소각을 그만두면 어떨까요?"

아버지는 눈을 감고 한참이나 아무 말씀이 없었다.

나도 감히 입을 열 수 없었다.

몇 시간처럼 느껴지는 긴 침묵이 흐르고, 아버지는 결심을 굳힌 듯한 목소리로 말을 뱉었다.

"소각을 관두자."

결코 쉬운 결정은 아니었을 것이다. 새 소각로는 아버지가 일군 이시자카의 상징과도 같은 것이었다. 아버지는 그것을 스스로 부수고 소각을 포기함으로써 회사가 잔존하는 쪽을 택했다.

나와 아버지는 곧바로 주민 측 변호인단을 찾아가 소각로를 처분할 테니 재판 청구를 취하해달라고 부탁했다. 그로부터 1개월 후, 소각로 해체가 시작됐다.

굴뚝이 없어진 모습을 보니 여러 감정이 교차했다. 아버지가 얼마나 공허하고 억울할까 하는 생각에 마음이 가라앉다가도, 한편으로는 '더는 발목 잡힐 일이 없으니 이제부터가 시작이다'라는 의지가 솟아났다.

'산업폐기물 긴자'의 소각로는 그렇게 하나둘 불빛이 꺼져갔다. 1998년에만 해도 64로였던 소각로는 어느새 7로로 줄었고, 그 7로마저 다른 곳으로 이전했다.

아버지에게 물려받은 세 가지 경영 이념

사장이 되고 '탈 산업폐기물 업체'를 목표로 내세운 후, 나는 회사에 꼭 필요한 뭔가가 빠져 있다는 걸 깨달았다. 바로 '경영 이념'

이었다. 아버지의 경우, 자신이 살아 있는 경영 이념이었으니 굳이 문자화해서 사내에 공유할 필요가 없었으리라. 그러나 내게는 경영 이념이 필요했다.

역풍 속에서 회사를 개혁하려면 마지막 어느 순간에 힘든 결정을 내려야 할 때가 반드시 찾아올 것이다. 그때 최종적인 근거로 삼을 중요한 기준이 바로 경영 이념이다.

나는 아버지께 경영 이념을 만들어달라고 부탁했고, 이틀 후 종이 한 장을 건네받았다. 아버지가 내민 종이에는 이렇게 적혀 있었다.

'겸허한 마음, 긍정적인 자세, 노력과 봉사.'

솔직히 내가 기대했던 그럴듯한 경영 이념과는 거리가 있었다. 하지만 지금 돌아보면, 이 이념이 있었기에 난국을 헤쳐 나올 수 있었다는 생각이 든다.

나와 아버지는 영속 기업을 만들겠다는 목표는 같았지만 그것을 실천하는 과정이 너무도 달랐다. 내가 'A를 하고 싶다'고 말하면 아버지는 '그건 B가 맞다'고 답할 때가 더 많았다. 당시에는 아버지에게 대표권이 있었고 최종적인 책임을 지는 사람도 아버지였기 때문에 타협을 해야만 했다. 때로 원하는 대로 하지 못해 답답한 마음이 들면 '겸허한 마음, 겸허한 마음……' 하고 나 자신을 타일렀다.

그렇다고 아버지가 늘 반대만 했던 것은 아니다. '탈 산업폐기물 업체'라는 내가 설정한 목표를 존중해주셨고, 내 생각을 이해하려는 노력도 보여주셨다. 사실 완고한 아버지로서는, 회사를 새로운 모습으로 개혁하겠다는 내 아이디어가 터무니없고 엉뚱하게만 느껴졌을 것이다.

"쓸데없는 소리!"

아버지가 퉁명스럽게 내 의견을 일축할 때도 나는 포기하지 않았다.

"본사 건물을 새로 지었으면 해요. 철골과 ALC(건축에 쓰이는 경량 콘크리트-옮긴이) 노출 공법을 적용하면 어떨까요?"

"본사 건물이 근사하다고 돈이 더 벌리는 건 아니야."

"더 뛰어난 인재나 여성 사원을 확보하려면 겉모습을 바꿀 필요가 있어요. 본사 외관이 회사 평가로 직결되니까요."

"안 돼. 그 무슨 쓸데없는……."

아버지는 그렇게 단박에 반대하다가도, 내가 물러서지 않고 여러 차례 건의하면 때때로 의견을 굽히곤 하셨다.

"그래, 네가 무슨 말을 하는 건지 이해 못하는 것도 아니다. 다시 생각해보자."

아무리 부모 자식 간이라도 사고방식은 다를 수밖에 없다. 어쩌면 부모 자식 간이어서 의견을 조율하고 뭔가를 함께 실현해내기가 더 어려운 것일지도 모른다. 그렇기에 우리에게는 경영 이념이 무엇보다 중요했다.

트럭 300대를 상대하는 싸움닭 여직원

'쓰레기장 딸'로 불리던 시절, 사무원으로서 내가 맡은 역할은 하루에 300대씩 들어오는 트럭 운전사들을 응대하는 일이었다. 각 트럭의 폐기물 처리 요금을 정산하려면 트럭이 올 때마다 자리에서 일어나 접수처로 가야 했다. 비효율적이라는 생각에, 입사하자마자 아버지께 부탁해 접수처 카운터와 내 책상을 하나로 합쳤다.

'남자들의 일터'로 인식된 이 업계에서 젊은 여성은 거의 보기힘들었다. 그런데 접수처에서 젊은 여사원이 웃는 얼굴로 인사하기 시작했으니 트럭 운전사들 사이에 우리 회사는 인기가 좋을 수밖에 없었다.

입사 2년 뒤에는 여사원이 네 명으로 늘었다. 트럭 운전사들 중에는 우리 회사를 '이시자카 카바레'라고 부르는 사람도 있었다. "여기는 저녁때부터 장사하는 곳인가 봐?"라고 짓궂은 농담을 하면서 주스나 아이스크림을 건네는 이도 있었고, "오늘 손톱 예쁜데?"라며 은근슬쩍 손을 만지려는 경우도 있었다. 그러면 나는 "잘 보이고 싶으면 아이스크림이라도 사 와야 하는 거 아니에요?" 하고 농담 섞인 말로 응수하곤 했다.

조용할 날 없는 시절이었다.

일반적으로 폐기물이 들어오면 각 트럭이 싣고 온 폐기물 양이얼마인지를 표기한 전표를 내야 한다. 접수처 사무원이 그 전표에도장을 찍으면 폐기물이 무사히 반입됐다는 증거가 되며, 전표에 적힌 폐기물 중량을 근거로 우리 회사에서 처리 요금을 청구하도록 되어 있었다.

그런데 간혹 폐기물량을 속이는 이들이 있었다. 나는 가지고 온 폐기물량과 기재한 수치에 큰 차이가 있을 경우 딱 잘라 날인을 거절했다.

"양이 전혀 맞지 않잖아요. 이러면 도장을 찍어드릴 수 없어요."

그러면 잠시 후 상대측 회사 사장에게서 득달같이 전화가 걸려 왔다.

"너 지금 뭐하자는 거야? 도장 왜 안 찍어?"

"전표 수치가 실제랑 달라요. 그런 전표에는 도장을 찍어드릴 수 없어요."

"뭐? 너 뭐야, 누구야?"

"이 회사 사장 딸인데요."

"그래서! 지금 사장 딸이라고 우리가 우습다 이거야?"

이처럼 현장에서는 부당하거나 이치에 맞지 않다고 느끼는 상황이 수시로 벌어졌다. 어떤 거래처의 경우에는 자기들이 처리해야 할 잡무를 우리 사무원에게 떠넘기기도 했다. 참다못한 나는 아버지를 찾아가 '이건 말이 안 되는 일 아니냐'며 답답함을 토로하기도 했다.

그렇게 2년 정도가 흐른 어느 날, 아버지는 이렇게 말했다.

"그런 건 나한테 보고하지 않아도 된다. 앞으로는 네가 알아서 해라."

자질구레한 일들은 더 이상 신경 쓰기 싫다는 뜻이라기보다는, 아마도 '2년 정도 일을 했으니 이제 너도 웬만큼 일을 파악했을 거다.' 하고 믿어주셨던 것이리라. 5년이 지날 무렵부터는 내가 영업 전반을 지휘하게 되었다.

나는 회사에 불이익을 주는 요소라 느끼는 것들을 끈질기게 바꿔나갔다. 본래 폐기물 처리 요금은 그때그때 현금으로 받거나 후불로 한꺼번에 정산하는 것이 일반적이었다. 그런데 현장에서 현금으로 지급해야 할 비용을 당연하다는 듯 외상 처리하려는 사람들이 있었다.

"오늘 건 달아놔."

"달아놓으라니, 여기가 술집이에요?"

"뭐? 이 쪼끄만 계집애가!"

상대편이 고함을 지르면 나도 속으로 움찔했지만, 겉으로는 아무렇지 않은 척하며 더 단호한 목소리로 원칙을 고집했다. 그런 일이 여러 번 반복되자 결국 외상은 일절 허용하지 않는 쪽으로 분위기가 정착됐다.

사장직을 건 시간, 1년

내가 신경을 썼던 또 한 가지는 영업 팸플릿이었다. 기존에 아버지가 만든 팸플릿은 기술에 초점을 맞춰서 사업 내용과 주요 거래처가 아주 간략하게만 소개되어 있었다. 나는 팸플릿을 새로 만들어 회사 이념을 강조하고, 보는 사람들이 공감할 수 있게끔 사업 내용을 한층 상세히 설명하도록 했다.

회사의 관행과 업무를 하나둘씩 개선해나가는 모습을 지켜보던 아버지는 어느 날 나를 '영업본부장'으로 임명했다. '이제 이 일은 이 녀석에게 맡겨도 되겠군.' 하고 생각하셨던 모양이다. 영업본부장 시절에는 아버지와 격한 논쟁을 벌인 적이 별로 없었다. 나는 원래 고집이 세고 지기 싫어하는 성격이라 남들이 시키는 대로 고분고분 따르는 법이 없었다. 그런 나를 잘 아는 아버지가 최대한 배려해주셨기에 큰 어려움은 없었다.

그러나 '임시 사장'이 되고 난 후부터는 아버지와의 관계가 급변했다.

"터무니없는 소리!"

"까불지 마!"

"멍청이!"

하루도 혼나지 않은 날이 없었다. 아버지는 분명 본인의 지식과 경험을 나에게 전수하는 데 필사적이었을 것이다. 그도 그럴 것이, 경영이라고는 눈곱만큼도 모르는 제멋대로인 딸이 느닷없이 사장이 되었으니 이만저만 걱정이 아니었을 것이다. 얼마 전까지만 해도 회사를 계승하겠다는 생각은 전혀 없이 다른 데 정신을 팔던 딸이 아닌가.

나 역시 아버지를 쫓아다니며 필요한 것을 배우고 내 의견을 피력하는 데 온 힘을 쏟았다. 나에게는 시간이 많지 않았다. '임시 사장'의 기한은 고작 1년. 성과를 내지 못하면 그 즉시 해임될 예정이었다.

임시 사장의 첫 번째 임무, 위탁처를 찾아라!

임시 사장으로서 처음으로 맡은 임무는 폐기물 위탁처를 찾는 것이었다. 소각로를 해체하면 더는 폐기물을 처분할 수 없으므로 그 전에 서둘러 위탁처를 찾아야 했다.

나는 먼저 전국의 산업폐기물 처리업체 목록이 등재된 책을 뒤져서 그중에 적당한 회사를 선정했다. 산업폐기물 회사의 수는 몇만 군데나 되었지만, 우리 회사에서 취급했던 산업폐기물을 처분할 수 있는 곳은 그리 많지 않았다. 간토 지방 주변까지 범위를 넓혀서 검색하다가 여기다 싶은 곳이 있으면 바로 전화를 걸었다.

"상의드릴 일이 있어 사장님을 꼭 뵙고 싶습니다. 시간 좀 내주실 수 없을까요?"

만나주겠다고 하면 즉시 약속을 잡았다.

"그럼 ○월 ○일 ○시에 찾아뵙겠습니다."

그렇게 방문 영업을 끝없이 시도했다. 약속을 잡고 찾아간다 해도 폐기물을 받아준다는 보장은 없었다. 폐기물의 양이 대형 덤프트럭으로 하루에 예닐곱 대 분량이라고 말하면 대부분의 회사는 손사래를 쳤다.

"사정이 아무리 딱해도 그렇지, 그건 힘들겠는데요."

내가 물러서지 않고 끈질기게 사정하자 몇 군데 회사에서 조건부로 승낙을 해주었다.

"한 주에 한 번 정도라면, 그렇게 합시다."

문제는 또 있었다. 폐기물 처리 요금이 우리 회사 기준보다 높으면 다른 조건이 맞아도 위탁할 수가 없었다. 그래서 때로는 끈질긴 가격 협상을 벌이곤 했다.

그렇게 위탁처를 선정하고, 가격을 협상해 거래를 성사시키는 일을 모두 나 혼자 해내야 했다. 내 명함을 확인한 상대측 사장들은 열에 아홉이 놀란 표정으로 이렇게 되물었다.

"정말 사장 맞아요?"

젊은 여자가 나타난 것만 해도 예상 밖인데 직위가 '사장'이라니, 놀라는 것이 당연했다. 한편으로는 나 혼자 미팅에 나선 것이 더 효과적인 측면도 있었다. 내가 아버지로부터 회사를 물려받게 된 사연이며, 소각로를 해체한 과정을 설명하고서 "꼭 좀 도와주십시오." 하고 진지하게 부탁하면 대부분은 "혼자서 힘들겠네요." 하고 위로의 말을 건넸다. 더러는 "알겠습니다. 바로 가져오세요." 하고 두말없이 거래를 승낙하기도 했다. 업계의 특성상 돈벌이 수단이 아닌 사명감으로 사업을 하는 사장이 많다 보니, 곤경에 처한 사람을 매몰차게 내치는 경우는 많지 않았다.

소각로 해체를 결정하고서 이후 한 달 동안, 나는 사무실에 출근하는 대신 위탁처를 찾아 이곳저곳을 헤맸다. 약 스무 군데 회사를 방문했고 그중 11개 사와 거래 계약을 맺었다. 그렇게 우리 회사에서 처리하던 폐기물을 대신 받아줄 위탁처를 무사히 결정지었다.

나는 '임시 사장'으로서 첫 임무를 무사히 완수했다.

새로운 설비 도입을 위해 바위를 두드리다

그러나 안도의 한숨을 내쉴 틈은 없었다. 내가 해내야 할 결정적인 '사장의 일'이 기다리고 있었다. 나는 곧이어 '독립형 전천후 종합 설비' 도입에 착수했다. 이것은 회사의 사활을 건 마지막 도전이었다. 이 도박의 결과에 따라, 회사가 무너지느냐 다시 일어서

느냐가 결정될 터였다.

'탈 산업폐기물 업체'라는 목표를 내세웠을 때, 나는 회사의 외형을 이대로 가져갈 수는 없다는 확신이 들었다. 당시 이시자카산업의 건물은 공사 현장을 방불케 했다. 그 상태로는 아무리 노력해도 산업폐기물 처리업체라는 전형적 이미지를 불식시킬 수 없었다. 나는 세련된 본사 건물과 깨끗하고 스마트한 공장 설비, 잘 가꾼 예쁜 정원을 갖추어야겠다고 결심했다.

모든 설비가 건물 내부에 위치한 '독립형 전천후 종합 설비'를 원했고, 밖에서 보았을 때 외관이 흡사 빵 공장 같았으면 했다. 이것은 투자액이 40억 엔(약 400억 원)에 달하는 대형 프로젝트였다. 만약 실패하면 이시자카산업은 도산할 수밖에 없다. 평생 막대한 빚을 떠안고 살아야 하는 것은 물론이다.

내 생각을 아버지에게 전하자 회의적인 반응이 돌아왔다.

"지금 주민 반대운동이 한창인데, 관공서가 개발 허가를 내줄 리 없다."

우리 회사는 '시가화조정구역(도시 지역의 무질서한 시가화를 방지하기 위해 일정 기간 시가화를 유보하는 지역—옮긴이)'에 포함돼 있었기 때문에 새로 건물을 지을 때는 관공서로부터 개발 허가를 받아야 했다. 아무 문제가 없어도 허가를 받기 어려운 판국에 지역에서 반대운동까지 벌어지고 있으니 누가 봐도 말이 안 되는 일이었으리라.

그러나 우리 회사가 '탈 산업폐기물 업체'를 실현하려면 신형 설비가 꼭 필요했다. 나는 관공서를 직접 찾아가 담판을 짓기로 했다. 사업계획서를 작성하고, 담당자가 꼭 읽어주기를 바라는 마음으로 편지도 한 통 썼다. '회사의 사활이 걸린 의뢰를 드리며'라는 제목으로 시작하는 그 편지의 내용은 다음과 같았다.

"다이옥신 보도로 주민 반대운동이 일어난 것은 사실입니다. 하지만 저희는 회사를 계속 지켜나가길 원합니다. 이를 위해 환경을 정비하고자 하오니 부디 허가해주시기 바랍니다. 이시자카산업은 현재 위기를 맞았습니다. 이번 환경 정비 사업에 회사의 사활이 걸려 있습니다. 이번 사업의 목적은 지금까지 해왔던 것처럼 신규 설비를 도입해 사업을 확장하려는 것이 아닙니다. 지역 주민들을 배려하고 환경을 보존하기 위한 투자입니다. 부디 저희의 신청을 심사숙고해주시기 바랍니다."

나는 관공서를 찾아가, 담당자에게 서류를 건네며 간절히 기도하는 마음으로 말했다.

"다이옥신 보도 때문에 회사는 현재 죽느냐 사느냐의 기로에 서 있습니다. 앞으로 이 지역에 뿌리를 내리고 계속 사업을 해나가기 위해서는 종합 설비가 반드시 필요합니다. 개발 허가를 꼭 좀 내주십시오."

그러나 담당자는 내 이야기를 듣는 둥 마는 둥 하더니 말을 잘랐다.

"이번에 문제가 된 이시자카산업이네요. 이시자카 씨 본인이시죠? 허가를 내주면 내 목까지 달아나요. 산업폐기물 회사에 내줄 허가 같은 건 없습니다."

나는 귀를 의심했다. 행정 담당자가 민원인의 상담 내용을 제대로 듣지도 않고 창구에서 문전박대를 하다니, 있을 수 없는 일이었다.

산업폐기물 회사라서 허가를 내줄 수 없다는 건 분명한 차별 행위였다. 나는 업계의 냉혹한 현실을 절감한 채, 억울하고 답답한 마음을 누르며 자리에서 일어섰다.

우리의 출발선은 지하 100층

일반 제조업체가 사업을 위해 처음 공장을 짓는 과정을 '맨땅에서 일어서기'라 한다면, 산업폐기물 처리업체는 공장을 짓는 시점에 이미 '지하 100층'을 각오해야 한다. 첫걸음을 떼기도 전에 지하 100층에서부터 지상을 향해 기어오르는 험난한 과정을 거쳐야만 한다.

이런 현실을 잘 알면서도 나는 포기할 수 없었다.

며칠 뒤, 변호사를 대동하고 다시 관공서의 개발부를 찾아갔다. 이전의 담당자를 찾자 그 사람은 돌연 말을 바꾸었다.

"저는 그렇게 말한 적이 없는데요."

어떻게 대처해야 할지 몰라 혼자 나와서 분을 삭이고 있는데, 다른 직원이 슬그머니 다가와 말을 걸었다.

"사장님, 저 과장님 때문에 속상하시죠. 형평성에도 어긋나는 일이고요……. 제가 좀 도와드리겠습니다."

내가 창구에서 필사적으로 매달리던 모습이 안쓰러웠던 모양이다. 그 직원은 실제로 팔을 걷고 나서서 우리를 도와주었다. 어떤 조건을 갖추어야 개발 허가를 받을 수 있는지 다양한 전례를 조사해서 꼼꼼히 조언해주었고, 이런저런 요령도 귀띔해주었다. 한 번에 모든 허가를 다 받을 수 없으니 두 번으로 나누어 신청하라는 것도 그가 일러준 요긴한 정보였다. 막다른 골목에서 큰 응원군을 얻은 기분이었다.

나는 이 일에 모든 것을 걸겠다는 심정으로 매달렸다. 내일까지 신청서를 가져오라고 하면 그날 바로 제출했다. 개발 허가를 검토하는 도시계획심의회는 한 해에 두 번밖에 열리지 않는다. 그래서 심의를 한번 놓치면 한참을 또 기다려야 한다. 나는 어떻게든 다가오는 심의에 맞출 수 있도록 모든 준비를 완벽히 마치고자 했다. 하루라도 빨리 회사를 정상 궤도에 올려야 한다는 마음이 간절했다.

기적을 일으킨 한마디

마침내 2002년, 개발 허가가 떨어졌다. 2001년에 소각을 중단하기로 결정한 지 딱 1년 만의 일이었다.

당시 도시계획심의회에서 사안 하나를 심사하는 데는 30분도 채 걸리지 않았다. 그런데 우리 회사의 개발 허가 건은 사뭇 달랐다. 이례적으로 두 시간이나 논의가 계속되었다. '산업폐기물 긴자'라고 불리는, 그렇지 않아도 말이 많은 지역에 시설 확장 허가를 내준다면 자칫 논란을 불러올 수 있다는 반대 의견이 거셌던 모양이다.

그런데 심사 막바지에 사이타마 현의 우에다 기요시 지사가 던진 한마디가 논의의 흐름을 바꾸었다.

"기존의 시설을 개선하는 것이니, 사업 확대라고 보기는 어렵지 않겠습니까? 허가를 내주어도 된다고 봅니다."

그는 다음과 같이 의견을 피력했다.

'이시자카산업은 논란 이전부터 다이옥신 정화 소각로를 도입하는 등, 지역 사회를 충분히 배려하던 회사다. 이번에 자사 환경을 새롭게 정비하여 지역에 이로운 시설을 갖추고자 한다. 이것이 비록 개발 행위의 범주에 들기는 하나, 사업 확대에는 해당하지 않는다.'

투표 결과, 사이타마 현 지사의 견해를 들은 다수의 위원들이 찬성표를 던진 것으로 나타났다.

그렇게, 아버지를 비롯한 모두가 '말도 안 되는 일'이라고 일축했던 '독립형 전천후 종합 설비'의 개발 허가가 떨어졌다. 기적 같은 일이었다. 만약 우리를 도와준 관공서 직원과 사이타마 현 지사가 아니었다면 허가를 받기는 불가능했을 것이다. 그랬다면, 지금의 이시자카산업은 결코 존재할 수 없었으리라.

임시 사장에서 정식 사장으로

나는 임시 사장이었던 1년간 쉬지 않고 달리고, 또 내달렸다. 새로운 공장 설비의 개발 허가를 받아낸 뒤에는, 세 가지 ISO(국제 표준화 기구) 통합 인증을 취득하는 일에 매달렸다(2장 참조). 그렇게 1년이라는 시간이 숨 가쁘게 흐르고 2003년 새해를 맞았다.

회장인 아버지는 신년회 자리에서 이렇게 인사말을 했다.

"여러분, 새해 복 많이 받으십시오. 작년에 우리 회사는 소각 중단을 결정하면서 심각한 경영난을 겪었습니다. 어려운 난국을 헤쳐 나올 수 있었던 건 모두 노리코 사장 덕분입니다. 노리코 사장이 정말로 최선을 다해주었습니다."

나는 어리둥절해서 어찌할 바를 몰랐다. 뭐라고 반응을 보여야 할 텐데 몸이 굳어서 그저 단상만 바라보았다. 회사에 들어오고 나서, 아니 어린 시절 이후로 아버지께 칭찬을 들은 기억이라곤 없었다. 전혀 예상치 못한 말이었기에 기쁨보다는 놀라움이 더 컸다. 그리고 그 놀라움은 어느 순간 더 좋은 회사, 더 건강한 회사를 만들어야겠다는 의지로 이어졌다.

내가 사장이 되었을 때 아버지는 이렇게 말했다.

"남의 이야기를 듣고 실패하면 후회가 남지만, 스스로 생각하고 노력한 끝에 실패하면 후회가 남지 않는다."

그 말대로, 아버지는 남에게 의지하지 않고 모든 일을 늘 혼자서 결정하셨다. 그리고 자신이 목표로 삼은 일은 어떻게든 차근차근 진행해냈다. 이시자카의 수장으로서 회사를 그렇게 이끌었고, 회장 자리로 물러난 이후에도 그 태도는 변함이 없었다. 딸인 나를 대할 때도 마찬가지였다. 내가 도움을 청할 때면 아버지는 늘 "나한테 의지하지 마라." 하고 단호하게 잘라 말하셨다. 그러나 돌아보면 아버지는 늘 나의 뒤에서 도움의 손길을 내밀었음을 알 수 있었다.

연 매출의 두 배에 가까운, 40억 엔(약 400억 원)이라는 자금을 투자하여 새 설비를 도입할 때도 실질적인 현장 감독은 건축에 해박한 아버지였다. 지금의 이시자카산업은 이 투자가 있었기에 존재할 수 있었다.

'내 사업을 하고 싶다'는 욕심

개발 허가를 받은 지 3년 만에 새 설비가 완공되었다. 나는 어느덧 '임시'라는 꼬리표를 떼고 정식 사장이 되었다. 이제 내가 할 일은 아버지에게 새로운 바람을 불어넣어 마음을 움직이는 것이었다.

내가 뭔가를 해보고 싶다고 방향을 제시하면 장인 기질을 타고

난 아버지는 바로 설계도부터 그리곤 했다. 아버지는 창의성을 발휘해 뭔가를 새로 만드는 것을 좋아하셨다. 물론 아버지가 만든 것들이 모두 완벽하지는 않아서, 개중에는 사용하기 어려운 것들도 있었다.

어쨌든 갓 부임한 2대 사장인 나로서는 아버지가 내리는 결정에 참견할 여지가 많지 않았다. 그저 아버지가 만든 것들을 효율적으로 활용하는 것이 최선이었다. 한편으로는 아버지가 만들고 딸인 내가 활용하는 이 관계가 참 절묘하다고 느꼈다.

내가 하고자 하는 일에 아버지가 반대를 한 적도 많았지만 큰 불만은 없었다. 마지막에 모든 책임을 지는 이는 바로 아버지였으니 어쩔 수 없다고 여겼다. 사실 회사가 죽느냐 사느냐의 기로에 서 있던 상황에서 내가 덜컥 사장 자리에 앉겠다고 용기를 냈던 건 대표권이 아직 아버지에게 있기 때문이기도 했다. '나 혼자서 모든 책임을 지지 않아도 된다', '아버지가 어떻게든 도와주실 것이다.' 하는 안도감이 있었기에 내 목표에만 몰두할 수 있었다.

그러면서도 마음 한구석에서는 어떤 불안감을 떨칠 수 없었다. 당시 아버지는 현역에서 은퇴할 생각이 없어 보였다. 그러니 '이대로 사장에만 머물러 있게 된다면 내가 정말 하고 싶은 일은 끝까지 해보지 못하겠구나.' 하는 생각이 들었다.

나는 이시자카산업을 어떻게든 되살리고 싶었다. 그래서 사장 직위를 자처했고 회사 개혁 하나만을 바라보며 달려왔다. 나에게는 나만의 비전도, 목표도 있었다. 그것은 아버지와 공유할 수 없는 나만의 영역이었다. 그런데 아무리 애를 써도 대표자에게 결재를 받지 못한다는 이유로 시도조차 해볼 수 없다면, 나는 반쪽짜리 사장에 그칠지 모른다는 위기감이 들었다. 어쩌면 그런 상황이 계속되다가 사장직을 그만두는 날이 올지도 모른다.

나는 아버지가 나를 경영자로 인정해주지 않는다고 생각했다.

'예스'를 부르는 아침 15분간의 의식

대표권이 아버지에게 있는 상태에서 사장 업무를 보는 건 정말이지 쉽지 않았다. 최종 결재 단계에서 아버지가 "안 돼!"라고 하면 아무리 하고 싶은 일이라도 군말 없이 포기해야 했다. 그래서 나는 사장이 된 이후 뭔가 새로운 일을 시도할 때마다 그것이 어떤 일인지, 왜 필요한지를 아버지에게 설명하느라 머리를 쥐어짜야 했다.

아버지 입장에서 '영업'이란 미지의 세계와도 같았다. '홈페이지를 만들자', '경영 이념을 만들자', 'ISO 인증을 획득하자.' 하고 내가 말할 때마다 속으로는 '이게 다 무슨 소리야.' 싶으셨을 것이다. 게다가 남이 시키는 대로 따르는 걸 영 내키지 않아 하는 분인지라, 내 이야기에 좀처럼 귀를 기울이지 않았다. 그런 아버지에게 뭔가 새로운 것을 도입해서 회사를 어떻게 변화시켜야 한다고 일일이 설득하고 허락을 받는 일이 쉬울 리가 없었다. 사실 그것이 당시 내게는 가장 까다롭고 어려운 일이었다.

그래서 나는 아버지와 대화할 때 반드시 지켜야 할 나만의 원칙을 세웠다. 내가 사장이 된 후 하루도 빠짐없이 지켰던 그 의식은 다음과 같았다.

'중요한 이야기는 아침 8시 30분부터 15분 동안에 끝낸다.'

나는 이 15분 내에 전날 있었던 일을 보고하고, 앞으로 내가 하려는 일을 설명했다. 되도록 단도직입적으로, 결론부터 알기 쉽게 이야기하려고 노력했다. 길게 둘러서 말해봐야 건성으로 들으실 테고, 애써 자료를 준비해도 '볼 필요 없다'며 내칠 것이 뻔했기 때문이다.

안건이 많을 때는 시간이 좀 더 길었으면 하는 아쉬움이 들었지만, 그래도 기준은 언제나 15분이었다. 그 이상 욕심을 내서 이야기한들 기분 좋게 마무리 될 가능성은 없었다.

어떤 이야기든 '타이밍'과 시간이 중요하다. 자기가 하고 싶은 말이 있다고 상대방을 보자마자 '잠깐 얘기 좀 하자'며 붙드는 경우가 있다. 하지만 상대는 들을 준비가 되어 있지 않을 수도 있다. 만약 급한 일이 있거나, 어떤 일로 기분이 언짢은 상태라면 대화가 원만하게 이어질 리 없다.

또 어떤 이들은, 대화가 자기 예상대로 흘러가지 않으면 원하는 결론이 날 때까지 계속하려 든다. 이러면 역효과를 불러와 자칫 말다툼으로 번지기가 쉽다.

나도 한때는 그랬다. 사무원 시절, 퇴근 시간이 가까운 저녁 무렵에 아버지를 찾아가 "사장님, 잠깐 드릴 말씀이 있는데요"라고 불쑥 용건을 꺼내곤 했다. 그러면 아버지는 끝까지 듣지도 않고 '나중에 얘기하자'며 귀찮아했다. 그때는 '나는 그냥 의논을 하고 싶은 것뿐인데 왜 저렇게 짜증을 내시지?' 하며 섭섭해했는데 시간이 흐르고 나니 아버지의 마음을 이해할 수 있었다. 누구든 하루 종일 업무에 시달리고 난 뒤에는 심신이 피로해져 무거운 대화를 나눌 여유를 부리기 힘들다. 그저 쉬고 싶은 마음만 가득할 뿐이다.

그래서 나는 '아침 15분간의 의식'을 통해 내가 원하는 바를 모두 설명하고자 노력했다. 아버지는 '예스'인지 '노'인지만 구분하면 된다. 설령 '노'라는 답이 돌아와도 아버지를 설득하기 위해 그 자리에서 부연 설명을 달지 않았다. 대신 뭐가 문제인지 돌아보고 좀 더 철저히 준비해서 다음 기회를 노렸다. 만약 그 자리에서 끝을 내겠다고 붙들고 늘어져서 서로의 감정까지 상하게 된다면 두 번째 기회는 영영 노리지 못하게 될 수도 있다.

15분이라는 시간을 설정함으로써 프레젠테이션 능력도 기를 수 있었다. 시간에 제약이 있다 보니 모든 안건을 한 번에 다 설명할 수는 없었다. 대신에 중요한 안건을 추려내고 분류하는 데 집중했다. 급하지 않은 안건은 다음으로 미루고 각각의 사안을 '인사', '현장' 등 성격별로 묶어서 보고하고자 했다.

처음에는 쉽지 않았지만 시간이 흐를수록 보고 내용이 명료해지면서 '예스'라는 대답을 더 많이 듣게 되었다.

닻을 풀고 개혁의 항로에 오르다

평소와 다름없던 어느 날, 아버지가 불쑥 말했다.

"이제 네가 대표권을 가져가라."

믿기지 않는 말에 한동안 멍했다가, 어느 순간 기쁨의 감정이 온몸을 휘감았다.

이제 내가 하고 싶은 일에 제약 없이 도전할 수 있다는 사실도 물론 기뻤지만, 마침내 아버지의 인정을 받았다는 사실이 감격스러웠다. 지금껏 나는 이시자카산업의 사장이면서도, 마지막에 벽에 부딪혀 이러지도 저러지도 못하던 순간이 적지 않았다.

솔직히 말하자면, 때로는 그 벽을 방패막이로 삼기도 했다. 뭔가 판단하기 어렵거나 곤란한 일이 생기면 "대표님과 의논한 후에 연락드리겠습니다"라며 한걸음 물러선 적도 있었다. 내가 직접 결재하지 않아도 된다는 사실에 마음이 어느 정도 가벼웠던 것도 사실이다. 아버지에게 최종 책임이 있다는 사실에 기대어, 내가 목표로 삼은 일에 마음 편히 도전할 수 있었다. 그리고 그 시간 동안 나는 경영자로서 역량을 충분히 키울 수 있었다.

대표권을 양도받은 후, 연대 보증인으로서 내 서명을 한다는 것이 얼마나 막중한 책임을 떠안는 일인지 새삼 깨달았다. 이제 모든 책임을 스스로 져야 한다는 생각에 때로는 밤이 되어도 잠을 이룰 수 없었다.

지금 와서 생각해보면 아버지는 그 중압감을 대신 짊어진 채,

내가 원하는 일을 할 수 있도록 울타리가 되어주셨던 셈이다. 그 울타리가 있었기에 나는 사장으로서 회사를 차근차근 바꿔나갈 수 있었다. 만약 이것이 앞날을 내다본 아버지의 전략이었다면, 아버지는 경영자로서 정말 날카로운 혜안을 지닌 분이라고 말할 수밖에 없을 것이다.

내가 대표권을 가지게 됨으로써, 이시자카산업은 본격적인 개혁의 항로에 오르게 되었다.

2

불량 사원들을
최고의 인재로 변화시키다

'공공의 적'을 자처하다

'탈 산업폐기물 업체'를 실현하겠다는 목표를 이루기 위한 첫걸음은 '사람'을 변화시키는 것이었다. 조직의 개혁을 이루려면 무엇보다 사람을 먼저 개혁해야만 한다. 그래서 나는 '사원 교육'을 최우선 과제로 삼았다.

그러나 당시 나를 향한 직원들의 시선은 싸늘하기 그지없었다. '임시 사장'으로 발령을 받았을 때부터 나는 미움을 받았다. 일개 사원이었던 사장 딸이, 지역 주민들의 비난이 쏟아지는 어수선한 틈을 타 느닷없이 사장 자리에 올랐기 때문이다. '쟤가 현장 일을 뭘 알겠어?' 하는 불신과 불만의 기색이 사내에 역력했다.

사장 취임 직후에는, 내 차의 앞 유리가 산산이 부서졌던 사건도 있었다.

'틀림없이 어딘가에서 돌멩이가 날아와 깨졌을 거야.'

그렇게 애써 아무 일도 아니라고 자신을 타일렀지만, 사원들 중 누군가가 고의적으로 내 차 유리를 때려 부수었을지 모른다는 불안감을 지울 수 없었다. 사장이 직원을 의심할 정도로, 당시는 사면초가의 상황이었다.

하지만 나의 역할은 사원들에게 사랑받는 것이 아니었다. 설령 모든 사원을 적으로 돌리더라도 어떻게든 회사를 바꿔나가야 했다. 직원들에게 이해부터 차근차근 구해야 한다거나, 다 같이 손을 잡고 회사를 함께 개혁하자고 부탁할 생각은 없었다. '탈 산업폐기물 업체'를 실현하는 데 필요한 일이라면 설령 사원들에게 반감을 사는 한이 있더라도 주저 말고 추진해야 한다는 것이 내 생각이었다.

사원들이 특히 크게 반발했던 일은 직원 휴게실을 없앤 것이었다. 당시 공장 주위에는 사원들이 휴게실로 사용하는 조립식 컨테이너 가건물이 있었다. '슈퍼하우스'라 부르던 이 건물들은 모두 여섯 채였다.

그런데 이 휴게소가 늘 말썽이었다. 현장을 돌 때마다 휴게실에 들어가 보면 그야말로 난장판이 따로 없었다. 만화책이며 도색잡지들이 여기저기 쌓여 있고, 바닥에는 빈 담뱃갑이 아무렇게나 버려져 있었다.

"도대체 이게 뭔가요? 청소 좀 하세요!"

아무리 이야기해도 누구 하나 치우는 이가 없었다. 그래서 나는 현장을 돌 때마다 만화책이며 도색잡지, 지저분한 쓰레기 등을 모아 버리기에 바빴다.

사원들의 아지트를 습격하다

그뿐이 아니었다. 휴게실은 폐기물 더미에서 주워온 냉장고와 전자레인지, 텔레비전 등 각종 생활 가전들이 자리를 차지하고 있어서 흡사 '아지트' 같은 분위기를 풍겼다.

근무 시간은 저녁 6시까지였지만 5시만 되면 어느새 휴게실에 불이 들어왔다. '또 시작이구나.' 하는 심정으로 기세 좋게 휴게실 문을 열면 매번 대여섯 명이 모여 앉아 노닥거리는 광경이 눈에 들어왔다. 다들 입에는 담배를 물고 텔레비전을 보고 있었다.

"지금 뭐하시는 거예요? 근무 시간은 6시까지잖아요!"

내가 이렇게 소리쳐도 사원들은 눈 하나 꿈쩍하지 않았다.

"뭐야, 지금 우리 감시하는 거야? 귀찮아 죽겠네……."

미안해하기는커녕 오히려 짜증을 냈다. 그러면 나는 말없이 그들을 쏘아보았고, 그들도 질세라 나를 노려보았다. 그렇게 한참 신경전을 벌인 뒤에야 직원들은 천천히 담뱃불을 비벼 끄고, 입을 꾹 다문 채 느릿느릿 자신의 자리로 돌아갔다. 마치 생활지도 교사와 불량 학생들이 벌이는 대치 상황 같았다. 한 가지 다른 점이 있다면 나는 서른 살이고, 농땡이를 부리는 그들은 40~50대라는 것이다.

사원들 중에는 이렇게 공공연히 떠드는 이들도 있었다.

"내 신념은 직장에서 편하게 놀고먹으면서 돈을 왕창 버는 거야."

그런 소리를 들을 때면 정말이지 온몸에서 힘이 빠지는 기분이었다.

당시에는 게으름 피우는 직원들을 감시하고 주의를 주는 것이 나의 중요한 일과 중 하나였다. 이래서는 도저히 안 되겠다 싶었던 나는, 휴게실을 한 곳으로 줄여야겠다고 마음먹었다. 사원들이 자꾸 무기력해지는 것도 문제였지만, 날마다 휴게실을 돌며 보고 싶지 않은 광경을 맞닥뜨려야 하는 것 또한 나로서는 큰 스트레스였다.

"회사는 저녁 6시까지 일하는 조건으로 직원들에게 임금을 지불하고 있습니다. 그런데 모두들 5시부터 텔레비전을 보며 담배를 피우는 게 일상입니다. 나태함의 온상인 슈퍼하우스는 없애고, 이제부터 휴게실을 한 곳으로 축소해 정상적으로 운영하도록 하겠습니다."

여섯 곳이던 휴게실은 하루아침에 한 곳으로 줄어들었다. 그나마 하나 남은 휴게실도 작업장에서 멀리 떨어져 있어, 예전처럼 아무렇게나 들락거리기는 힘들었다.

회사 곳곳에서는 당연히 "지금 장난하는 거야, 뭐야?" 하는 불만이 터져 나왔다.

추가적으로 세세한 규칙도 제정했다.

'휴게소 냉장고에 넣은 음식물은 그날 중으로 가지고 돌아간다.'

'만약 방치하면 다음날 일제히 버린다.'

나는 여기에서 멈추지 않았다. 업무와 관련된 규칙들도 보강하고 엄격하게 관리했다. 업무 중 흡연 금지, 안전모 착용 의무화, 술에 취한 채 출근하는 행위 금지, 업무 중 샌들 착용 금지 등의 규칙을 반드시 준수하도록 했다.

사원들에게 강조한 또 한 가지는 '인사'였다.

아침 조례 때마다 나는 전 직원들 앞에서 "안녕하십니까? 감사합니다! 수고하셨습니다!" 하고 선창하고, 모두들 복창하도록 했다. 하지만 내 말을 따라주는 사람은 거의 없었다. 들리지도 않는 소리로 입만 벙긋하는 사람, 입을 아예 꾹 다물고 땅만 보는 사람, 무서운 눈빛으로 나를 노려보는 사람…….

그럴 만도 했다. 지금까지 자유롭게 드나들며 아지트처럼 사용하던 휴게실이 사라지고, 행동을 구속하는 각종 규칙이 붙었으니 답답하고 화도 났을 것이다. 직원들의 불만은 눈덩이처럼 커져만 갔다. 하지만 나는 굴하지 않았다. 젊은 생활지도 교사와 50대 불량 학생들의 불꽃 튀기는 전쟁이 벌어진 것이다.

타협하는 원칙이란 없다

"아이구야, 지켜야 할 게 산더미처럼 많아졌네."

한 직원이 쓴웃음을 지었지만 사실 내가 내세운 것은 복잡하거나 까다로운 규칙이 아니었다. 기본적으로는 다음의 두 가지 원칙이 전부였다.

'근무 시간에는 일을 한다(즉, 자기 마음대로 지각하거나 조퇴하지 않는다).'

'인사(안녕하십니까? 감사합니다! 수고하셨습니다!)를 한다.'

일반적인 제조업체라면 당연히 지켜야 할 수칙이었다. 나는 어디까지나 직원들에게 '마땅히 해야 할 일을 하자'고, '스스로 변해야만 한다'고 역설했을 뿐이다. 경영자가 직원들을 움직여 회사를 한 방향으로 이끌어가려면 규칙이나 규율이 반드시 필요하다. 그 규칙을 지킬 마음이 없는 직원이라면 회사를 떠나는 것이 마땅하다고 생각했다.

그래서 나는 근무 시간에 노는 직원들을 보면 그 자리에서 소리쳤다.

"일할 생각이 없으면 회사를 나가세요!"

"쉬고 싶을 때 마음껏 쉴 수 있는 다른 직장을 찾으세요!"

나는 기본적인 원칙을 두고 타협할 생각이 추호도 없었다.

안전모를 바닥에 내던진 사원들

ISO 인증 취득을 위해 첫걸음을 내딛었을 때도 한바탕 소란이 일어났다.

영업본부장 시절, 나는 대형 거래처들이 사용하는 '체크 리스트'를 본 적이 있다. 리사이클 제품을 구매하는 그 업체들 입장에서 각 공장의 품질관리 상황을 평가하기 위한 목록이었다. 다시 말해, 그 목록에서 좋은 평가를 받은 공장의 제품을 선택한다는 것이다.

체크 리스트를 들여다본 나는 깜짝 놀랐다. 'ISO 14001'을 취득하지 않은 업체들은 점수가 100점 만점에 무려 40점이나 감점되었던 것이다('ISO 14001'은 환경경영체제에 관한 국제표준규격을 말한다-옮긴이). 당시 우리 회사는 'ISO 14001' 인증을 취득하지 못한 상태였다. 그러니 아무리 애를 써도 절반 조금 넘는 점수에 머물 수밖에 없었다. ISO 인증을 받지 못했다는 이유로 40점이나 깎인다는 건 너무 안타까운 일이었다. 그때 나는 무슨 일이 있어도 ISO 인증을 받아야겠다고 결심했다.

사장이 된 후, 곧바로 ISO 14001 인증을 취득하기 위한 절차를 밟기 시작했다. 먼저 아침 조례 시간에 이렇게 공표했다.

"앞으로 회사를 변화시키기 위해 ISO 14001 인증을 취득하려고 합니다. 1년 안에 취득 절차를 완료하고자 하니, 부디 여러분 모두 협력해주시기 바랍니다."

그때였다.

"쾅!"

조용한 사무실에 별안간 굉음이 울려 퍼졌다.

한 번이 아니었다.

"쾅! 쾅!"

사원 세 명이 콘크리트 바닥에 안전모를 내던진 것이다.

얼어붙은 공기 속에서 바닥의 안전모가 이리저리 어지럽게 흔들렸다.

나는 그들을 말없이 쳐다보았다.

한 사람이 "쳇!" 하고 혀를 차더니 내 시선을 피하며 큰소리로 외쳤다.

"짜증 나서 못 해 먹겠네!"

아마도 그들은 'ISO인지 뭔지 내 알 바 아니니 그만 좀 귀찮게 해라!' 하는 심정이었을 것이다. '현장도 잘 모르는 계집애가 이래라저래라 간섭하고 있네.' 하는 불만도 있었으리라.

세 사람은 서로 눈빛을 주고받더니 "갑시다!" 하고는 그 자리를 떠났다. 그리고 두 번 다시 돌아오지 않았다.

이 일을 아버지에게 보고하자 이렇게 말하셨다.

"일시적으로 규모나 인원이 줄어든다고 회사가 망하지 않는다. 회사를 계속 지키려면 용기를 내서 사업을 축소해야 할 때도 있어."

내가 사원들의 사표에 겁을 먹고 혹시라도 개혁의 고삐를 늦출

까 봐 염려하신 것이다. '축소도 영속의 한 방법이다'라는 아버지
의 조언에 나는 다시 마음을 다잡았다.

반년 만에 직원의 40퍼센트가 떠나다

예상했던 일이긴 하지만, 그 뒤로 회사를 떠나는 직원들이 줄을
이었다.

내가 사장이 된 지 반년 만에 전체 사원의 40퍼센트가 사표를
냈다. 덕분에 55세였던 평균 연령은 순식간에 35세로 내려갔다.

이시자카산업에 대한 지역 주민들의 비난도 여전했다.

그야말로 '내우외환(內憂外患)'의 상태였다. 하지만 나는 계속
돌진할 수밖에 없었다. 밖에서는 "저런 회사는 없어져야 해!" 하
는 힐난의 목소리가 거셌고, 안에서는 "여기에서 나갑시다!"라며
회사를 등지는 움직임이 이어졌지만 사장인 나까지 흔들릴 수는
없었다.

나는 '영속 기업을 만들겠다'는 목표만 바라보고 걸어가기로
결심했다. 만약 회사가 스스로 바뀌지 않는다면 '탈 산업폐기물
업체'는 말뿐인 구호로 끝날 테고, '영속 기업' 또한 덧없는 꿈에
그칠 터였다.

'개혁에 불만을 품은 사람은 나가도 좋다.'

나는 그런 각오로 세대교체를 단행했다.

당시의 65명 직원 가운데 현재까지 남아 있는 사람은 고작 열 명에 불과하다. 우리 회사의 현재 직원 수는 135명이며, 대부분은 당시의 사태 이후 새로 들어온 사람들이다.

초보 사장과 불량 직원들, ISO 인증에 도전하다

처음 아버지에게 ISO 인증을 취득하고 싶다고 말했을 때 아버지는 고개를 저었다.

"쓸데없는 소리! 그런 건 다 허울 좋은 장식이야. 명함에 박을 장식 같은 게 왜 필요한 거냐."

같은 업계의 회사들 중에는 ISO 14001을 이미 획득한 경우도 더러 있었다. 그런데 그런 회사의 업무 내용은 실상 우리와 별반 다르지 않았다. 그저 명함에 'ISO 14001 인증 취득 공장'이라고 적혀 있을 뿐이었다. 단순히 ISO 인증 취득만을 목표로 삼는다면 우리 회사도 그렇게 될 것이 뻔했다. 아버지는 말로만 내세울 거라면 차라리 하지 않는 편이 낫다고 생각하는 분이었다. 그래서 내실을 바꾸지 못할 바에야 아예 시작하지 말라고 하신 것이다.

내가 이 일로 고민하고 있을 때 한 컨설턴트가 'ISO 3종 통합 경영시스템'에 대해 알려주었다. 통합 경영시스템이란 품질경영시스템(ISO 9001), 환경경영시스템(ISO 14001), 안전경영시스템(OHSAS 18001)을 통합하여 운영하는 경영 체계를 말한다.

"통합 경영시스템의 인증을 취득한다면 업계 최초가 될 겁니다."

컨설턴트의 말을 듣자마자 '그래, 이거면 아버지를 설득할 수 있겠다.' 싶은 마음이 들었다. 아버지는 '국내 최초', '업계 최초'와 같이 전례가 없는 일에 도전하기를 좋아하셨다.

나는 이렇게 아버지를 설득했다.

"통합 경영시스템 인증을 취득하는 건 업계에서 아무도 성공한 적이 없는 일이에요. 꼭 추진하고 싶어요."

아버지는 잠시 고민하더니 "그래? 그럼 한번 해봐!" 하고 승낙해주셨다.

'됐다, 작전 성공이야!'

내심 좋아하고 있는데, 곧이어 아버지가 한 가지 뜻밖의 조건을 덧붙였다.

"단, 1년이야. 1년 안에 인증을 받지 못하면 그때는 깨끗이 포기해라."

당시 회사 내에는 ISO 인증 추진을 담당할 만한 인재가 없었다. 전담 인력이 달라붙어도 부족할 판에, 공부라면 다들 질색인 사원들을 데리고 1년 내에 인증 절차를 마쳐야 한다니 앞이 깜깜했다. 이게 정말 가능할지 나부터 확신이 서지 않았다.

나는 직접 'ISO 인증 책임자'가 되기로 했다. 당장 그날부터 업무를 보는 틈틈이 현장을 돌아다니며 직원들의 이야기를 듣기 시작했다. 어떤 설비가 어떤 목적으로, 어떻게 쓰이는지를 직원들에게 배웠고, 그 정보를 정리해서 매뉴얼로 만들었다. 그리고 완성된 매뉴얼을 사원들에게 보여주며 실제 업무와 맞아떨어지는지 일일이 확인했다.

잠잘 시간도 없을 만큼 바쁜 나날이었지만 '무슨 일이 있어도 해낼 거야', '회사를 꼭 바꾸고 말겠어.' 하는 의지가 나를 움직이게 만들었다.

꾸벅꾸벅 조는 직원들에게 필요한 것

ISO 인증 취득 과정에서 가장 어려웠던 부분은 사원 교육이었다. 아버지는 미심쩍다는 듯이 말했다.

"여기 사람들은 글자 같은 건 읽지 않는다. 그런 사람들에게 규격 사항을 가르칠 수나 있겠어?"

나는 전문 컨설턴트에게 강의를 의뢰했다. 그런데 강사를 직접 만나는 순간 '이 사람으로는 힘들겠구나.' 싶은 불안한 예감이 들었다. 초로의 남성인 데다가 작은 목소리로 뜨문뜨문 이야기하는 모습을 보니, 도저히 직원들이 집중할 것 같지가 않았다.

사내에서 첫 강의가 시작되었고 내 예감은 적중했다. 강사가 준비해온 자료는 빽빽한 글자들로 가득 차 있었다. 'ISO 국제 규격의 요건은⋯⋯'으로 시작하는 깨알 같은 글씨를 관심 있게 들여다보는 직원은 단 한 명도 없었다.

"뭐? 리스크 경영?"

"PDCA 사이클? 뭔 소리야?"

낯선 단어가 튀어나올 때마다 사원들은 하나같이 거부 반응을 일으켰다. 학습 열의는 이미 바닥을 쳤고, 강의가 이제 막 시작되었는데 여기저기서 조는 사람이 속출했다.

사실 애당초 사원들로서는 ISO 인증을 취득해야 할 이유가 없었다. 공부를 달가워하는 이들도 아니었다. 그런 사람들이 하루 종일 근무한 뒤 피로가 쌓인 상태에서 딱딱하고 재미없는 강의를 들으니 꾸벅꾸벅 조는 것도 당연했다.

첫날 강의가 끝나고, 나는 그 강사에게 더는 오지 않아도 된다고 말했다. 이미 6회분의 강의료로 100만 엔(약 1,000만 원)을 지불한 상태였지만 사원들이 졸기만 하는데 더 진행해봐야 의미가

없다고 판단했다. 더 큰 손해를 보기 전에 거기에서 끝내야 했다.

업계 소식지를 다시 뒤적이는데 '여성 강사가 강의'라고 쓰여 있는 광고 문구가 눈에 들어왔다. 바로 전화를 걸어 약속부터 잡았다. 이번에는 미모가 뛰어난 30대 후반의 여성이었다. 상냥한 태도에 지적인 분위기가 물씬 풍겼고, 목소리도 귀에 쏙쏙 잘 들어왔다.

'그래, 이 강사라면 사원들에게 동기를 심어줄 수 있겠어.'

느낌이 아주 좋아 그 자리에서 계약을 맺었다.

얼마 후, 남자들만 득실대는 너저분한 직장에 아름다운 여성 강사가 등장했다. 직원들이 바랐던 바라지 않았던 간에, 강의실 공기가 순식간에 달라졌다.

이번 강사는 교수법에도 각별히 신경을 썼다. 강의 내용을 만화로 표현하여 누구나 쉽게 이해할 수 있도록 했다. 예를 들어 '물건을 운반하다, 물건을 떨어뜨리다, 다치다'라는 내용을 만화로 그려 빔 프로젝터에 띄우고는 "이것이 바로 '리스크'입니다"라고 설명했다. 이렇게 현장의 모습을 먼저 보여주어 관심을 불러일으킨 다음, 마지막에 그것을 이론으로 연결 지어 정리했다.

저번의 할아버지 강사가 "리스크 경영이란, 리스크를 조직적으로 관리하여 손실을 피하거나 줄이는 것을 꾀하는 과정을 말하는데……"라고 이론부터 딱딱하게 늘어놓던 것과는 정반대의 방법이었다. 그때는 강사가 현장의 상황을 거의 언급하지 않았기 때문에 직원들로서는 딴 세상 이야기처럼 들렸을 것이다. 사람들의 따분한 얼굴만 봐도 속으로 무슨 생각을 하는지 알 수 있었다.

'그래서 어떻게 하라는 거야? 저렇게 어려운 걸 지금 우리더러 하라고? 저게 우리랑 무슨 상관인데?'

그런데 지금은 반응이 완전히 달랐다.

'ISO가 별거 아니네. 우리가 매일 하던 일이 ISO였어.'

미인 강사가 재미있는 이야기를 섞어가며 생기 있는 수업 분위기를 만들자, 조는 사람이 단 한 명도 없이 모두들 열심히 강의에 귀를 기울였다. 그 모습을 보면서 뿌듯함과 동시에 '어려운 매뉴얼이 없어도 ISO 인증에 충분히 성공할 수 있겠구나.' 하는 안도감이 들었다.

비록 크고 작은 고비들이 있었지만, 미인 강사 덕분에 우리는 업계 최초로 'ISO 3종 통합 경영시스템' 인증을 획득할 수 있었다. 아버지와 약속한 1년의 시간이 지나기 전에 이뤄낸 일이었다. 또한, 일부 직원들이 안전모를 내던지고 회사를 나간 뒤 1년 만에 일어난 일이기도 했다. 내가 꿈꾸는 회사에 한발 다가섰다는 생각에 마음이 뜨거워졌다.

필요한 것만 남기라

ISO 3종 통합 경영시스템에 도전하기로 처음 마음먹었을 무렵, 사내를 둘러보면 '갈 길이 한참 멀었다'는 생각에 한숨만 나왔다.

도색잡지와 빈 담뱃갑이 나뒹구는 직원 휴게실은 말할 것도 없었고, 공장 설비나 사옥도 지저분하기 그지없었다.

그런 광경을 보면서 문득, 3종 통합 경영시스템 가운데 하나인 '품질경영시스템'에 의문이 들었다. 폐기물을 처리하는 우리 업종에서 '품질'이란 뭘 말하는 걸까? 자동차의 품질, 음식의 품질이라면 어떤 특정한 이미지가 떠오르지만 폐기물은 그렇지 않다.

그래서 컨설턴트에게 솔직하게 질문했더니 이런 대답이 돌아왔다.

"사장님, 품질이라는 건요, 물건에만 해당하는 게 아닙니다."

"아, 그럼 혹시 사람에게도 적용된다는 말씀이세요?"

나는 속으로 무릎을 쳤다.

'그래, 인재의 질이 뛰어난 공장을 만들어보자.' 하는 생각이 들었다.

내가 표본으로 삼은 것은 당시 유행하던 '도요타 방식'이었다.

같은 공장인데도, 자동차 공장의 기술자라 하면 '정교한 능력을 갖춘 전문직'이라는 느낌이 드는 반면 산업폐기물 처리공장의 기술자는 완전히 다르다. 그저 지저분하고 어수선한 이미지만 떠오를 뿐이다. 이건 분명 우리 업계의 책임이었다. 회사의 교육에서 빚어진 차이임을 인정할 수밖에 없었다.

도요타 방식을 나름대로 공부한 결과, 기본은 '인사'와 '5S(정리, 정돈, 청소, 청결, 질서의 일본어 첫 글자를 딴 도요타식 구호-옮긴이)'로 추려낼 수 있었다. 이 기본에서부터 시작해야겠다고 결심했다.

당시 우리 회사의 직원들 중에 내가 "안녕하세요"라고 먼저 인사를 해도 답하는 사람은 거의 없었다. 그나마 반응을 해주는 직원들도 그저 머리를 보일 듯 말 듯 낮추거나, 무슨 말인지 알아듣기도 힘든 발음으로 얼버무리고 지나가는 것이 다였다.

인사는 '안. 녕. 하. 세. 요'라고 또박또박 확실히 하도록 하자. 나는 거기서부터 출발하기로 했다. 앞서 얘기했던, 조례 시간에 전 직원이 인사를 복창하는 의례도 이때 마련했다.

또 한 가지 과제로 삼은 '5S'의 경우는 시작부터 망설여졌다. 직원들의 얼굴을 떠올려보니 그들에게 다섯 가지 항목 모두를 바라는 건 아무래도 힘들겠다는 생각이 들었다. 특히 청결과 질서 같은 까다로운 요소는 당장 적용하기에 무리가 있었다. 그래서 당분간 그 두 가지는 눈을 감고 대신 나머지 '3S(정리, 정돈, 청소)'에 집중해 철저히 지켜나가자고 다짐했다.

가장 먼저 '정리'부터 시작했다.

필요 없는 건 무조건 버렸다. 수납장이나 서랍을 열어서 만화책이나 도색잡지가 나오면 그대로 쓰레기통에 집어넣었다. 그랬더니 사원들은 물건을 다른 곳에 숨기기 시작했다. 나는 그걸 찾아서 다시 버리고, 사원들은 또 숨기고…… 그 과정을 몇 차례 되풀이하고 나니, 숨길 만한 공간을 아예 없애는 편이 낫겠다 싶었다. 그래서 불필요한 수납장을 모두 치우고, 사내에 비치된 물건들이 한눈에 들어오도록 만들었다.

공장 설비를 정리할 때는 '버려도 되는 설비'와 '버리면 안 되는 설비'를 구분하기 위해 아버지의 조언을 구했다. 버려도 된다는 허락이 떨어지면 가차 없이 내다 버렸다. 물건만 버린 것이 아니었다. 낡은 제도, 낡은 정신, 나쁜 습관도 예외 없이 폐기 처분하고자 했다.

아무렇게나 방치된 망치와 지렛대는 몰수했다. "정말 필요한 물건이라면 나중에 저한테 가지러 오세요"라고 직원들에게 이야기했다. 그렇게 하면 직원들은 그 물건을 찾으러 가야 하는지, 가지 말 것인지를 고민하게 된다. 그리고 이를 판단하는 과정에서 자연스럽게 '이 공구는 여기에 꼭 있어야 하는가, 필요 없는 것인가'를 생각한다. 물건의 필요 여부를 판단하는 이 과정이 바로 '정리'의 본질이라고 나는 생각했다.

또한, 필요한 물건에 대해서는 어디에 둘 것인지를 명확히 하도록 했다. 예를 들어 여러 공장 건물마다 '플랜트 컬러'를 정해서 '오렌지 공장'의 망치에는 주황색 테이프를 감도록 했다. 이것이 내 나름으로 정립한 '정돈'의 핵심이었다.

정돈이란 재배열을 뜻한다. 물건도, 업무도, 제도도 제 위치에 놓일 때 효율이 높아진다. 나는 선반을 설치해서 업무에 필요한 공구들을 작업 순서에 따라 정돈했다. 사내에 통용되는 정보와 지식을 정돈하기 위해 데이터화하는 작업도 병행했다. 이를 위해 컴퓨터를 도입했고, 매뉴얼을 정비해서 업무 순서와 작업 시스템을 효율적으로 바꾸고 정비해나갔다.

정리 정돈 작업을 거쳐 공장과 사무실이 깨끗해지자 이 상태를 유지하기 위해 '청소'를 시작했다. 공장 설비의 경우에는 날마다 현장을 돌며 정돈된 상태가 제대로 유지되는지 확인했다. 이런 '현장 순회'는 사원들이 규칙을 준수하는지, 새로 결정된 사규를 잘 이행하는지를 점검하는 동시에 청소를 독려하는 목적도 포함하고 있었다.

물론 직원들이 좋아할 리가 없었다. 특히 물건을 압수당할 때는 억울한 기색이 역력했다. 한번 빼앗긴 물건은 가지러 가기가 귀찮을뿐더러, 물건을 돌려받으면서 나에게 '죄송합니다.' 하고 고개를 숙여야 했기 때문이다.

더디게, 함께 나아가기

내가 ISO 인증 추진과 3S 활동을 동시에 진행한 데는 또 한 가지 이유가 있었다. 현장의 직원들은 어떤 일이든 '형태로 드러나야' 업무로서 인식한다. 시스템이니 프로세스니 하는 용어로 ISO를 설명하기보다, 직접 경험하고 눈으로 보게끔 하는 편이 훨씬 즉각적이다. 그런 면에서 3S는 곧, ISO를 눈에 보이는 형태로 드러내는 활동이었다. '3S를 준수하는 것이 바로 ISO 인증을 획득하는 방법'이라고 연결 짓는 것이다.

사원들을 교육할 때 나는 늘 '최저 수준 향상'을 과제로 삼았다.

설령 시간이 걸리더라도 바닥을 단단히 다져서 최저 수준을 향상 시켜야지, 그렇지 않으면 전체의 수준이 결코 높아지지 않는다. 그래서 간부나 내근직이 아니라, 현장에서 가장 단순한 업무를 하는 선별작업자들(공장 내에서 폐기물을 분류하는 인력)을 기준으로 교육을 진행했다.

새로운 규칙을 도입할 때도 마찬가지였다. 선별작업자들이 그 규칙을 스스로 적용하고 실행하는 단계가 되어야 '이제 정착되었 구나.' 하고 판단했다. 만약 그 상태에 도달하지 못하면 다음 단계 로 넘어가지 않았다.

임원들 중에는 "사장님, 이제 다음 단계로 넘어가시죠", "새로 운 것을 시도할 때가 되었습니다"라며 서둘러 나아가기를 재촉하 는 이들도 있다. 그러나 지금 실시하는 교육이나 규칙이 현장에 충분히 뿌리내리지 못했다면 성급하게 발걸음을 떼기보다 인내 하며 기다리는 쪽을 택해야 한다. 그것이 회사 전체가 발전의 방 향으로 조금씩 나아가는 방법이다.

회사의 운명이 달린 2인 3각 경주

ISO 인증은 취득하고 나서가 더 중요하다. 앞서도 말했지만, 아버 지는 실속 없이 형식만 바꾸거나, 타이틀만 따고 마는 것을 극도 로 싫어했다. ISO 인증을 취득했는데도 회사가 바뀌는 게 없다 싶으면 노발대발하셨다.

사실 사원 전체가 큰 변화를 보이기란 쉬운 일이 아니다. 작은 진자는 작은 힘만으로도 쉽게 움직이지만 큰 진자는 여간해서는 움직이지 않는다. 큰 진자를 움직이려면 시간이 필요하다. 하지만 아버지는 그런 여유를 주지 않았다. 매뉴얼이 완성된 뒤, 직원들이 그대로 따르지 않는 듯 보이면 당장 나를 불러내 호통을 쳤다.

"말로만 떠들어놓고서 도대체 뭘 한 거야!"

'인사하기'라는 사내 수칙을 세웠는데, 어떤 사원이 제대로 인사를 하지 않으면 그 사원 앞에서 내게 버럭 소리를 지르기도 하셨다.

"이런 사원이 있는데, 뭐가 ISO야! 집어치워!"

공개 처형을 방불케 하는 분위기였다.

한번은 트럭들이 어지럽게 드나드는 모습을 보고는 아버지가 불같이 화가 나셨다. '출입하는 트럭들은 질서 정연하게 줄을 선다'는 규칙을 지키지 않았다는 이유였다.

"이 트럭은 왜 줄을 안 서는 거야! 사장인 너는 뭐하고!"

트럭 운전사 앞에서 야단을 치는데, 그저 고개를 숙일 수밖에 없었다.

그러나 사원들 한 명 한 명을 철저히 교육하기란 솔직히 힘든 일이었다. 사내에 교육을 전담하는 부서나 임원이 있는 것도 아니었다. 아버지가 벌컥 화를 내면 직원들이 그 자리에서 눈치를 보며 행동을 바로잡기는 했지만, 그것만으로는 의미가 없다고 생각했다. 직원들이 스스로 생각하고 판단해서 움직이는 조직으로 바꾸지 않는 한, 진정한 변화가 아니라 믿었기 때문이다.

그러던 어느 날 일이 터졌다.

분기탱천한 아버지가 공장으로 들어서며 이렇게 소리를 쳤다.

"당장 생산 중지시켜! 지금 당장!"

폐기물을 실은 덤프트럭에서 액체가 흘러나와 회사 내의 도로가 엉망이 되었던 것이다. 그 광경을 목격한 아버지는 생산 설비를 모두 정지시키라고 지시하고 직원들에게 청소를 시켰다.

"3S를 철저히 실시한다더니 지금 이게 뭐야! 말로만 번지르르한 소리를 할 거면 집어치워! 지금 애들 장난하는 거야?"

뭐라 대꾸할 말이 없었다. 화내는 아버지가 무섭다기보다는 그 철저함에 말문이 막혔다. 경영자로서 생산 설비를 멈춘다는 것은 어지간한 용기가 아니면 할 수 없는 일이다. 나만 해도 이 일이 있기 전까지 '생산 설비만큼은 무슨 일이 있어도 멈출 수 없다'고 생각했다. 회사를 개혁하는 수단으로 '설비 가동 중단'이라는 선택지가 있으리라고는 꿈에도 생각해보지 못했다. 그러나 아버지는 일말의 망설임도 없었다. 당장 눈에 보이는 손실이 발생하더라도 회사 개혁이라는 더 우선적인 가치를 위해 얼마든 감수할 수 있음을 몸소 보여주신 것이다.

"어떤 순간에도 생산을 멈추지 말라"고 늘 강조하던 아버지의 결단에 사원들도 크게 놀라는 눈치였다. 그 사건은 나를 포함한 회사 전체의 경각심을 일깨우는 계기가 되었다.

'회사를 개혁하려면 어중간한 타협을 허락해선 안 되는구나. ISO 인증도, 3S도 아버지의 철저함을 배워야만 성공할 수 있어.'

아직 아버지에게 대표권이 있던 당시, 나는 회사를 경영하는 일이 아버지와 2인 3각으로 달리는 경기와 같다고 느꼈다. 다른 사람과 발을 묶고 달리려면 상대방에게 속도를 맞춰야 한다. 서로 자기 속도와 방법만 주장하면 페이스가 무너져 둘 다 넘어지고 만다. 우리 부녀의 경우, 아버지가 앞으로 달려나가면 내가 균형을 잡는 역할을 맡았다. 아버지는 때때로 회장으로서 회사 전체를 통제하고 나섰고, 나는 한발 물러서서 사원들을 보호했다.

내가 사원들에게 입버릇처럼 하는 말이 있었는데 바로 "뭐든 저한테 말씀하세요"였다. 일단 사장인 나에게 먼저 보고를 해두면 아버지께 무어라 말을 듣더라도 "그건 사장님께 이미 결재를 받았습니다." 하고 공을 떠넘길 수 있다. 그러면 아버지께 혼나는 것은 그 직원이 아니라 내가 된다.

나는 그렇게 사원들을 보호함으로써 내 위치를 확립해나갔다. 사장인 나를 뛰어넘어 아버지에게 곧바로 보고를 올린다면 회사 내에서 내 존재는 의미가 없어진다. 직원들의 창구 역할을 하면서 내 영역은 점차 단단해졌다. 직원들이 아버지에게 직접 말하기 껄끄러운 불만 사항들을 귀담아 듣고 하나둘씩 개선해나가면서, 신뢰도 쌓이기 시작했다.

한밤중 굉음의 정체

현장을 둘러볼 때 어떤 부분들을 점검해야 하는가는 아버지에게서 배웠다. 물론 아버지가 "여기서는 이런 점을 주의해야 한단다." 하고 친절하게 설명해준 것은 아니다. 어떤 분야든 장인에게서 일을 배울 때는 스스로 보고 깨우쳐야 한다. 아버지가 현장에 갈 때면 나는 무조건 "저도 가겠습니다." 하고 따라나섰다. 아버지가 직원들을 어떻게 지도하는지, 어떤 점을 지적하는지를 가만히 지켜보았다. 내가 특히 중요한 포인트로 삼은 것은 아버지가 '화를 내는 지점'이었다. 내 역할은 그 부분을 개선해 아버지가 화를 내지 않을 만한 상태로 만드는 것이었다.

그렇게 어느 정도 일을 배운 후에는 혼자서 현장을 순회했다. 처음에는 뭔가 다른 사람 옷을 입은 것처럼 어색해서 쭈뼛거리기도 했지만 며칠이 지나자 곧 적응했다. 순회 시간은 하루에 두 번, 오전 10시와 오후 5시로 정했다. 현장 순회를 하루에 두 번씩 실시한 까닭은 두 가지였다.

일단, 사원들이 흐트러짐 없이 3S 활동을 준수하게끔 하려면 최소 하루 두 번은 점검할 필요가 있었다. 주기적인 관리가 없으면 사람들의 태도는 금방 흐지부지되고 만다.

다음으로, 오전 순회와 오후 순회는 각각 목적이 달랐다. 오전 10시에 회사를 돌 때는 어떤 상태에서 업무가 시작되는지, 사원들이 어떻게 움직이는지, 생산 설비가 제대로 작동하는지를 중점

적으로 확인했다.

오후 5시에 회사를 돌 때는 업무를 마무리하는 시간이므로 작업량이 얼마나 남았는지를 점검했다. 10시 시점의 작업량과 5시 시점에 남은 작업량을 비교하면 그 설비 라인의 역량을 가늠할 수 있다. 그리고 일정 기간 데이터가 쌓이면 해당 라인의 역량이 얼마나 향상되었는지를 구체적으로 평가할 수 있다.

솔직히 말해, 현장 점검은 정말 하고 싶지 않은 일 가운데 하나였다. 회사를 한 바퀴 돌고 나면 진이 다 빠지는 기분이었다. 순회 도중에는 외면하고 싶은 현실과 수시로 마주쳐야 한다. 사실 그런 일을 찾아다니는 것이 이 일의 목적이니, 어쩔 수 없었다. 처음 얼마간은 현장 순회를 나가기 위해 안전모를 쓰면서 속으로 기도를 올리기도 했다.

'제발 보고 싶지 않은 모습을 보지 않게 해주세요.'

그러나 내 기도는 늘 빗나갔다. 나는 매번 답답한 현실을 마주하고는 '또 시작이구나.' 하며 한숨을 쉬곤 했다. 특히 오후 시간이 그랬다. 저녁 무렵이면 다들 의욕이 사그라들고 자세도 흐트러지게 마련이다. 안전모를 쓰지 않은 사람, 정리 정돈을 눈 가리고 아옹 식으로 하는 사람, 일을 대충 하는 사람, 중장비를 거칠게 모는 사람, 업무 도구를 아무렇게나 내팽개치는 사람……

마주치고 싶지 않은 광경이 눈에 들어올 때마다 나는 속으로 심호흡을 한 번 하고는 "지금 뭐하시는 겁니까?" 하며 목소리를 높였다.

그중에서도 최악은 일하는 도중에 만화책을 읽는 경우였다.

"근무 시간에 일하지 않을 거면 회사를 그만두세요!"

이런 상황이 하루에도 몇 번씩이나 되풀이되었다.

한번은 야간에 회사를 돌고 있는데 '그그그그~' 하는 굉음이 들려왔다. 소리가 나는 쪽으로 부리나케 달려가 보니 대형 적하기(토사 등을 덤프트럭에 적재할 때 쓰는 중장비-옮긴이)가 맹렬한 속도로 회사 마당을 달리고 있었다. 규정상 사내에서는 시속 10킬로미터 이내로 장비를 몰도록 되어 있었는데, 그 적하기의 속도는 무려 40킬로미터에 가까웠다. 액션 영화의 촬영 현장이 무색한 광경이었다.

"멈추세요! 멈춰요!"

나는 큰 소리로 적하기를 세운 뒤, 직원을 다그쳤다.

"회사 규정 몰라요? 그렇게 속도를 내면 위험하잖아요!"

불량 학생이 오토바이를 타고 질주하듯이 그 직원은 적하기를 타고 놀고 있었다.

"당신 같은 사람은 필요 없어요. 이 회사에서 나가세요!"

현장 순회를 하던 초기에는 이런 일이 비일비재했다. 언제부턴가는 내가 나타났다 하면 직원들이 신호를 주고받기 시작했다.

"왔다. 왔어. 사장 왔어."

그러고는 갑자기 내게 등을 돌리고 열심히 일하는 척을 했다. 흡사 바닷가의 갯바위에 올라 발을 구르면 근처에 있던 갯강구들이 순식간에 후다닥 사라지는 것과도 비슷했다.

때로는 '내가 왜 스스로에게 이런 괴로운 숙제를 부과해야 하는
가.' 하는 자괴감이 들었지만 나는 이 숙제를 멈출 수 없었다. 혹여
라도 내가 멈춘다면 조금씩이나마 개선되어온 상황이 순식간에
원점으로 돌아가 버릴 것이 뻔했기 때문이다.

12년간 하루도 거르지 않았던 한 가지

이런 고약한 상황이 4년간 계속됐다. 지치고 힘들 때면 '그래, 사
람을 키우는 일이 어디 쉽겠어? 시간이 걸리는 법이지.' 하며 스스
로를 위로했다.

현장을 한 바퀴 돌고 나면 빼놓지 않고 작성하는 것이 있었다.
바로 '순회지도보고서'였다. 업무 일지와 별개였던 이 보고서에는
직원들이 3S 활동을 철저히 준수하는지, 인사를 제대로 하는지
등을 기록했다. 사장이 된 후 12년이 지난 지금까지도 나는 이 습
관을 고집하고 있다. 하루도 빠짐없이 현장을 살피고 있으며, 어
김없이 순회지도보고서를 확인한다.

그렇게 4년이 지나자 회사 전체가 하나의 조직으로서 모양새
를 갖추는 것이 눈에 보였다. 하지만 아직은 규율과 공포가 지배
하는 조직이었다. 어느 정도 통솔은 되었지만 유연성이 없었다.
직원들은 항상 긴장 상태에서 일했다.

엄격한 규칙에 스트레스를 느낀 사원들은 불만을 품고 하나둘

사표를 쓰기 시작했다. 4년 전에는 회사의 분위기를 흐리는 직원들이 스스로 못 견뎌 떠났다면 이번에는 늘 성실히 일하던, 그래서 회사의 중요한 자산이라 믿었던 직원들이 사표를 던진 것이다. 나는 어떻게든 붙잡으려 노력했다.

따로 마련한 식사 자리에서 진지하게 호소해보기도 했다.

"더 좋은 회사를 만들려고 노력하고 있습니다. 꼭 그렇게 해낼 테니 힘을 보태주세요. 함께해주세요."

하지만 직원들은 한 번 내린 결정을 다시 거두려 하지 않았다.

"죄송하지만, 이 회사에서는 미래가 보이지 않아요."

"제가 더 버틴다 해도 뭐가 얼마나 달라질지, 솔직히 잘 모르겠네요."

기대를 한 몸에 받던 젊은 사원들 여럿이 그렇게 회사를 떠났다. 임금과 대우에 대한 불만도 물론 있었겠지만, 더 중요한 이유는 아마도 사장인 나를 믿을 수 없다는 것이었으리라. 내가 아무리 회사의 목표와 비전을 설명해도 그들은 믿지 않았다. 나는 여성이었고, 젊었으며, 당시는 대표권을 확보하지도 못한 상태였다. 퇴사할 이유를 찾고자 한다면 그 밖에도 이유는 얼마든 있었을 것이다.

"젠장! 왜 아무도 안 믿어주지? 나는 할 수 있는데, 꼭 하고 싶은데……, 왜 다들 아니라는 거야!"

꾹꾹 눌러 참았던 마음의 둑이 와르르 무너지는 날에는 욕조에 들어가 큰 소리로 울었다.

나는 엄격한 규칙을 세워 회사를 하나로 묶는 데 성공했지만, 이것이 최종 목표는 아니었다. '규칙이니까 지킨다'라는 것만큼 허약한 동기는 없다. 그저 정해진 규칙만 따르면 된다고 생각하는 이들은 어느 순간 스스로 생각하지 않게 된다. 잠재된 능력을 발휘하지 못하는 것은 물론이다. 누구든 스스로 내린 판단에 근거해서 행동할 때 일의 효율이 높아지며, 가장 큰 성과를 거둘 수 있다.

나는 직원들이 시키는 대로만 일하는 모습에서 벗어나, 스스로 자긍심을 가지고 자신의 일을 찾아가는 모습으로 변화하기를 바랐다. 지금 이 순간 무엇을 해야 하는지 스스로 결정할 줄 아는 조직이 되었으면 했다.

"예스맨은 필요 없습니다. 스스로 생각하세요. 그래야만 일하는 보람도 있습니다."

나는 사원들에게 이렇게 강조했다. 그러다 한번은 온라인 커뮤니티 사이트 '2채널'에 올라온 어느 직원의 글을 보고 마음이 쿵 내려앉는 것을 느꼈다.

"우리 사장은 자기 스스로 생각할 줄을 몰라. 그러니까 자꾸 우리보고 생각하라고 하지."

정말로 맥이 탁 풀리는 순간이었다.

하지만 그럴수록 마음을 다잡았다. 내가 세운 원칙을 믿었고, 그 원칙 위에서 변화될 조직의 힘을 믿었다.

회사를 변화시킨 '보고서 쓰기'의 힘

사장에 취임한 지 8년이 흘렀다. 일본 속담 중에 '돌 위에서라도 3년'이라는 말이 있다. 제아무리 차가운 돌멩이라 할지라도 그 위에 3년 동안 앉아 있으면 따뜻해질 수밖에 없다. 다시 말해, 끈기 있게 지속하면 이루지 못할 일이 없다는 이야기다. 우리 회사의 경우에는 3년도 부족해 '돌 위의 8년'이 지나서야 마침내 변화가 드러나기 시작했다.

이제 직원들은 규율에 따라서 기계적으로 몸만 움직이는 것이 아니라, 의식 자체가 한층 성숙해졌다. 스스로 작업 효율을 올리

려 노력했고, 누가 옆에서 시키지 않아도 견학 온 고객에게 자연스럽게 인사를 건넸다. ISO 인증과 더불어 3S 활동을 실시하면서 꾸준히 지속한 교육이 드디어 뿌리를 내린 결과였다.

나는 이제 다음 단계로 넘어갈 차례라 판단했다. 하루도 거르지 않았던 현장 순회를 직원들 손에 넘길 때였다. 먼저 계장 이상의 간부 사원들을 불러 현장을 점검하는 순서와 방법을 설명했다. 처음에는 예닐곱 명의 간부 사원들과 직접 동행하며 유의해야 할 부분들을 직접 짚어주었다.

"여기는 반드시 확인하고 넘어가야 합니다. 이런 부분이 있으면 안 돼요."

그렇게 확인해야 할 항목들을 30가지로 정리해서, 하루에 한 번 보고서를 제출하게끔 지시했다. 이후부터는 인사부, 영업부, 시설관리부 등 다양한 부서의 매니저들이 교대로 현장을 돌며 순회지도보고서를 작성하고 현장 상황을 보고했다. 담당 인원이 늘어나자 순회하는 범위도 자연스럽게 늘어났고 확인하는 요소들 또한 더 구체화되었다.

현장을 돌아보는 사람이 바뀌면 시선도 달라진다. 어떤 매니저는 생산 설비 내부의 작은 변화를 예민하게 알아채는가 하면, 또 다른 매니저는 일상적인 업무에서 놓치기 쉬운 전체적이고도 큰 문제를 포착했다. 매니저들이 회사를 돌며 발견한 문제점은 사진을 첨부한 순회지도보고서로 작성되었다. 나는 이런 문제들을 현장 사원들에게도 알려서 모두가 공유하도록 했다.

매니저들은 자신이 편한 시간에 원하는 곳을 돌아보았다. 그런데 어느 날, 한 매니저가 회사에서 조성한 공원을 점검하다가 그곳 배수구가 낙엽으로 막혀 있는 걸 발견했다. 배수구를 어느 정도의 빈도로 청소하는지 조사한 결과, 문제가 있을 때만 청소한다는 사실을 알게 됐다. 그래서 개선 방안으로, 월례 점검 항목에 '배수구 점검'을 추가하기로 했다.

얼마 후, 직원 하나가 제안을 해왔다. 그물망으로 하수구를 덮으면 어떻겠냐는 것이었다. 그렇게 하면 낙엽이 쌓이더라도 배수구가 막히지 않을 것이라는 이야기였다. 적극적으로 문제를 찾아내고, 이를 공유하는 과정이 반복되면서 직원들 스스로 개선안을 고민하고 연구하는 습관을 들이게 된 것이다.

'현장 교대 순회제도'의 장점은 이렇듯, 일상적인 업무 중에는 눈길이 닿지 않는 곳까지 꼼꼼히 살필 수 있다는 데 있다. 예컨대, 어느 날 현장 점검 후 당시 사용하지 않던 배관 하나가 파손되어 있다는 보고가 올라왔다. 알아보니 그 배관은 설치한 지 7년쯤 지난 것이었다. 비슷한 시기에 설치한 공장의 다른 배관들도 지금쯤 낡아서 말썽을 일으킬 우려가 있었기에 전체 배관을 교체하기로 결정했다.

이렇게 새롭게 점검해야 할 항목을 발견하면 일회적인 설비 수리에 그치는 것이 아니라, 주기적인 관리 목록에 추가할 수도 있다. 예를 들어 '지금 당장 교체할 필요는 없지만 월례 점검 항목에 포함하도록 한다'라는 결론을 내리기도 한다. 각 부서에서는 일일

점검 항목, 월례 점검 항목, 연례 점검 항목을 각각 목록으로 작성하고 주기적으로 관리를 해나간다. 이에 따라 사원들 각자가 언제 어떤 일을 해야 하는지 전체적인 틀을 확보할 수 있다. 이런 시스템을 통해 스스로 계획을 세워 움직이게 되고, 일의 효율도 자연히 향상된다.

많은 회사의 경영자들이 "우리도 이번 한 해 동안 3S를 강력히 추진합시다." 하고 의욕적으로 목표를 세우곤 한다. 하지만 조직은 생각처럼 움직여주지 않고, 이듬해가 될 때쯤이면 그냥 흐지부지 끝나버리는 경우도 많다.

이시자카산업은 3S 활동을 처음 도입한 이후 12년째 꾸준히 실시하고 있다. 우리가 하나의 목표를 오래도록 일관성 있게 추진할 수 있었던 것은 '순회지도보고서'의 힘 때문이 아니었을까 한다.

처음에는 사장인 내가 나섰다. 남에게 맡기지 않고 직접 회사를 돌며 보고서를 작성했다. 날마다 현장 곳곳에서 사원들이 정해진 규칙을 따르지는 확인하고 지도했다. 그리고 시간이 충분히 흘러 조직이 충분히 성장했다고 느낀 후에야 그 역할을 직원들에게 돌려주었다.

지금도 나는 순회지도보고서를 매일매일 확인한다. 사장이 된 후, 단 하루도 거르지 않은 금과옥조와도 같은 습관이다.

직원들의 능력을 100퍼센트 끌어내는 법

내가 직원 교육에 오랜 시간을 투자하고 철저한 수준을 고집한 까닭은 '사람이 곧 조직'이라고 믿기 때문이다. 아무리 많은 돈을 투자한 기계라 해도 저절로 움직이는 법은 없다. 설비를 점검하지 않은 채로 저녁때까지 가동하고 나면 내부에 먼지와 오물이 여지없이 잔뜩 쌓이곤 한다. 틈틈이 점검하고 청소하지 않는다면 최고 성능을 자랑하는 기계도 효과를 발휘하지 못한다. 그뿐이 아니다. 자칫하다가는 오작동을 일으켜 사고로 이어질 수도 있다. 반대로 사용 수칙을 철저히 지키며 정성 들여 관리한 기계는 100퍼센트의 성능을 끌어낼 수 있다.

사원을 교육하는 데는 시간과 노력과 비용이 기계와 비교할 수 없을 만큼 방대하게 들어간다. 그래서 이 과정을 최대한 뒤로 미루는 회사도 많다. 하지만 직원 교육은 다른 어떤 것보다도 우선해야 한다.

회사에서 자신의 '공부'에 투자한다고 느끼는 직원들은 '내가 회사의 기대를 받는 사람이구나'라고 느낀다. 그래서 더 열심히 해야겠다는 의욕이 생기고, 그러다 보면 실제로 조직의 신뢰를 얻게 되어 일이 한층 재미있어진다.

교육이 없다면 직원은 성장하지 못한다. 수동적으로 시키는 일만 하다가 시간이 되면 퇴근하는, 쳇바퀴 도는 일상에 회사가 점점 지겨워진다.

그래서 나는 늘 사원들에게 말한다.

"스스로 생각하세요!"

'나만의 노하우'가 아닌 '모두의 상식'을 추구하라

이시자카산업은 오랫동안 아버지의 경험과 감에 의존한 경영 방식을 유지해왔다. 아버지는 장인의 감각과 감성을 타고난 데다, 오랜 경험을 토대로 하는 순간적인 판단에 능한 분이다. 마치 컴퓨터처럼 매 상황에 들어맞는 최적의 선택을 산출하실 줄 알았다. 서류나 자료를 분석하는 법은 일절 없었다. 현장에서도 오감을 총동원해 기계의 소리나 냄새 등을 근거로 상황을 파악했다. 그 판단이 대개는 옳았지만, 어떤 과정을 거쳐서 그런 결론에 이르렀는지는 아무도 알 방법이 없었다.

문제는 아버지가 다른 이들에게도 자신의 방식을 기대했다는 것이다. 사장인 나나 직원들도 예민한 '감'으로 상황을 알아차리기를 원하셨다. 하지만 그건 말처럼 쉬운 일이 아니다. 자식인 나야 하루 종일 아버지 곁을 지키며 어떻게든 그런 감각을 배우려 노력하겠지만, 수십 명에 달하는 사원들까지 그렇게 하라고 요구할 수는 없다.

실제로 많은 사원들이 "우리 회사에서 회장님이 요구하시는 걸 따라갈 사람은 사장님뿐이에요"라고 툴툴거렸다. 아버지가 바라는 수준이 자신들과는 거리가 너무 멀다는 것이었다. 아버지의 오감 경영이 훌륭하기는 하지만 그건 아버지만이 할 수 있는 일이었다. 그래서는 영속 기업이 될 수 없었다. 누군가가 아무리 엄청난 노하우를 가지고 있다 한들, 겉으로 표현하고 남에게 가르쳐줄 수 없다면 그저 한 사람의 개인기에 그치고 만다.

나는 귀중한 경험을 활용하려면 데이터를 축적해서 누구나 볼 수 있는 상태로 만들어야 한다고 생각했다. 사원들이 합리적인 판단을 내리기 위해서는 먼저 다른 사람들은 비슷한 상황에서 어떻게 문제를 해결했는지 한눈에 보여주는 데이터가 있어야 한다. 그렇기 때문에 모두의 업무 내용을 기록해 회사 전체가 정보를 공유할 필요가 있다. 나는 설비를 다루는 과정에서 발생하는 모든 문제를 기록하기 위해 1억 엔(약 10억 원)을 투자하여 컴퓨터 시스템을 도입했다.

누구나 자신은 열심히 일한다고 생각한다. 하지만 그건 개인의 느낌일 뿐이다. '느낌'이란 사람마다 다르다. 누군가가 무엇을 근거로 '열심히' 했다고 하는지 다른 사람은 알 길이 없다. 또 실제로 성실하게 일했다 해도 그 노력이 목표를 달성하기 위한 것인지, 아니면 문제가 터져서 복구하기 위한 것인지에 따라 생산성은 크게 달라진다.

새 시스템으로 데이터를 축적하자 다양한 문제에 관한 정보가 누계되었다. 작업 시간 중에 기계가 얼마나 멈춰 있었는지도 정확히 알게 되었다. 한번은 어떤 기계가 1주일에 10시간 이상이나 작동을 멈췄다는 데이터를 확인했다. 나는 담당 사원에게 그 수치를 보여주며 말했다.

"이걸 보세요. 이래도 정말 열심히 했다고 할 수 있나요? 1주일에 10시간 이상 기계가 놀았다는 건 1주일에 이틀을 쉰 것이나 마찬가지예요. 말이 아닌 숫자로 증명해주세요."

펄쩍 뛰며 항변할 줄 알았던 담당자는 의외로 순순히 자신의 잘못을 인정했다.

일을 처리할 때 느낌만으로 판단해서는 안 된다. 섣부른 예측은 때로 현실과 동떨어진 억측이 되기도 한다. 설비 수리 문제도 그렇다.

회사 차원에서 데이터를 축적하기 전에는 베테랑 수리공의 애매한 기억과 임기응변식 판단에 의존해야 했다. 기계에 문제가 생겼을 때, 마지막으로 언제 얼마를 들여 수리를 했는지 물어봐도 명확한 대답을 듣기는 어려웠다.

"저 기계는 아마 20년쯤 전에 샀을 걸요? 바꿀 때가 됐죠."

"한 5년 전에 꽤 많이 주고 엔진을 바꾼 것 같습니다. 수리해서 계속 써도 되겠는데요."

이래서는 기계를 수리해야 하는지, 새로 바꾸어야 하는지 정확히 판단하기 힘들다.

하지만 데이터를 축적하고 나서부터는 구입 날짜, 누적 가동시간, 수리 이력을 한눈에 볼 수 있게 되었다. 누구나 동일하고도 객관적인 기준으로 판단할 수 있게 된 것이다.

조직에 추진력을 불어넣는 '데이터 공유'

데이터는 생각의 자료가 된다. ISO 인증과 3S 활동에 이어 컴퓨터 시스템을 도입한 것이 시너지 효과를 일으켜, 조직의 변화에 가속도가 붙었다.

사장에 취임했을 당시만 해도 현장을 돌면서 "정리 좀 하세요!", "그렇게 하면 안 돼요!" 하고 주의를 주기 바빴는데, 데이터가 쌓이면서 지적하는 횟수도 점차 줄어들었다.

이제 나는 주의를 주려고 현장을 돌지 않는다. 회사를 돌기 전에 괴로운 광경을 보지 않게 해달라고 기도하지도 않는다. 그보다는 더 손보고 개선할 곳을 찾기 위해 현장을 찾는다.

각 부서별로 매월 제출하는 보고서만 봐도, 사람들이 얼마나 바뀌었는지를 실감할 수 있다.

초창기 보고서에는 '우리는 최선을 다해 열심히 하고 있다'라는 식의 자기주장으로 가득 차 있었다. 더 열심히 노력하자는 나의 말에 "이미 충분히 열심히 하고 있는데 뭘 어떻게 더 하란 말이냐?"라고 항변하는 것 같았다.

그 무렵 사원들은 서로 모일 때마다 내 흉을 보기 바빴다.

"기계도 직접 다룰 줄 모르면서 잘난 척은!"

"현장 일은 눈곱만큼도 모르면서. 아, 진짜 듣기 싫어!"

이런 생각에 젖어 있던 사원들에게 '스스로 바뀌어야 한다'라는 마음가짐을 기대하기는 어려웠다. 그런데 컴퓨터로 데이터를 축적해서 사고 건수며, 문제 발생으로 생산 라인을 멈춘 시간 등을 공개하자 사원들의 태도가 크게 바뀌었다.

"어제 하루만 해도 여러 차례 문제가 생겨서 생산 라인이 정지되었어요. 모두 합해 40분이나 됩니다. 하루에 40분이나 생산을 멈춘다면 어디 전문가라고 할 수 있겠습니까? 스스로 전문가라고 자부한다면 그에 맞는 모습을 보여주세요."

이렇게 숫자를 들이밀면서 얘기하자 사원들도 느끼는 바가 있는 듯했다.

현장에서 문제가 발생하면 이를 개선할 수 있는 사람은 사장이 아니다. 누구보다도 현장을 잘 아는 현장의 전문가만이 문제를 제대로 해결할 수 있다.

'그래, 내가 전문가니까 이건 내 책임이야. 이 일을 제일 잘할 수 있는 사람이니까 회사에서도 나한테 맡겼겠지.'

책임을 자각한 사원들은 '제대로' 노력하기 시작했다. 자신의 일에 자긍심을 가지고 '전문가의 능력이 무엇인지 확실하게 보여주자.' 하는 태도로 임했다.

기계에 문제가 발생하면 근본적인 원인을 파악해서 해결하려 했고, 사고가 잦으면 그런 일이 반복되지 않도록 작업 매뉴얼을 직접 작성했다. 생산라인을 수시로 멈췄던 현장에서는 '생산라인 중단 시간 제로'에 도전한다는 구체적인 목표를 세우기도 했다.

그동안 무엇이 미흡했고 앞으로 무엇을 해야 하는지가 명확해지자 사원들은 자발적으로 개선에 앞장서기 시작했다.

'일을 사람에게 시키는 것'과 '사람에게 일을 맡기는 것'은 다르다

하나의 조직에 속해 있더라도 사원들은 저마다 개성이 다르고, 능력과 성격도 다르다. 모두가 똑같이 생각하고 일한다는 것은 불가능하다. 나는 아버지께 내 방식을 인정받지 못해서 오랜 시간 괴로워했다. 그 경험을 통해 개인의 차이를 인정하는 것이 얼마나 중요한지 절실히 느꼈다. 그렇기에 지금도 직원 한 사람 한 사람의 특성을 존중하고자 노력한다. 각 사람에게 가장 잘 맞는 자리는 어디인지, 그 사람에게 어떤 방식이 어울리는지를 늘 고민한다.

경영자들 중에는 '일'을 우선하는 경우가 많다. 일을 중심에 놓고 빈자리에 사람들을 끼워 맞추는 것이다. 하지만 내 방식은 정반대다. '이 사람은 이런 성향이고 이런 일을 잘하니, 이 업무를 맡기자'라는 데서부터 생각을 풀어나간다.

어떤 직원이 A라는 일을 잘 해내지 못한다면 '일을 못하는 사람'이라고 판단하기 쉽다. 하지만 개인의 차이를 인정하면 'A라는 일이 힘들다면 B는 어떨까? C라는 일이 이 사람 성향에 더 잘 맞지 않을까?'라는 고민을 해볼 수 있다.

우리 회사에 입사한 여직원 한 명이 공장 안내 업무를 맡게 되었다. 우리 공장에 견학 온 학생들이나 다른 회사 직원들을 맞이하고 안내하는 일이었다. 이 직원은 사람들과 소통하는 것을 힘들어했다. 워낙에 내향적인 성격이라, 낯선 사람들 여럿과 하루가 멀다 하고 부딪치는 일이 즐거울 리 없었다. 그런데 유심히 보니,

전표를 처리하거나 사전 준비를 하는 등의 사무 업무는 꼼꼼히 잘 처리하는 편이었다. 그래서 나는 그 사원에게 견학 안내 대신 견학 신청을 접수하고 안내 자료를 준비하는 업무를 맡겼다. 그 결과 전과는 비교할 수 없을 정도로 활기에 넘쳐서 자기 업무를 확실히 해냈음은 물론이다.

개인의 차이를 인정하면 저마다의 특성을 살려서 각 사람이 신나게 일할 수 있는 환경을 만들 수 있다. 사람들의 개성이나 능력을 파악하려면 무엇보다 그 직원에 대해 잘 알아야 한다. 그래서 이야기를 듣는 것이 중요하다. 물론 상사에게 자기가 하고 싶은 말을 똑 부러지게 하는 사람은 많지 않다. 대개는 원하는 게 있어도 그냥 참거나 빙 둘러서 이야기한다.

나는 사람들에게서 하나라도 더 많은 이야기를 듣기 위해 설문조사를 실시한다. 이름을 적는 경우도 있고, 무기명으로 실시할 때도 있다. 다양한 설문조사를 통해 현재 사원들이 무엇을 바라는지, 무슨 생각을 하는지 알려고 노력한다. 그리고 당장 할 수 있는 일부터 하나씩 바꿔나간다.

회사의 이야기를 직원들에게 들려주는 일 또한 중요하다. 나는 회사가 추진하는 방향을 사원들과 공유하려 애쓴다. 방향성을 공유한 직원들은 '그 목표에 도달하기 위해 내가 무엇을 할 수 있을까?'를 생각하게 된다. 고민을 거듭할수록 자신의 능력을 활용할 방법, 일터를 더 생산적인 공간으로 가꾸는 방법이 떠오른다.

회사에 신입 사원이 오면 내가 꼭 하는 일이 한 가지 있다. 사장에게 묻고 싶은 것을 질문지 형태로 미리 제출하게끔 하는 것이다. 그리고 신입 사원 환영식 자리에서 그 질문에 일일이 답을 해준다. 궁금증을 품은 채로 일을 시작하지 않도록 하려는 일종의 배려라 할 수 있다.

단체 견학 의뢰가 들어오면 신입 사원들도 반드시 참석하게끔 한다. 내가 회사에 대해 설명하는 것을 꼭 들었으면 해서다. 그 자리에서는 회사의 역사나 여러 가지 활동의 의미 등, 평소 내부에서는 잘 나누지 않는 이야기를 자세히 들을 수 있다. 직원 입장에서 회사의 방향성을 공유하기도 한결 쉬워진다.

최근에는 사내 동기 모임도 시작했다. 본래는 부서나 설비 라인별로 모임을 열고 나와 함께 여러 가지 의견을 나누었는데, 사원들이 어느 정도 정착한 지금은 입사 연도가 같은 직원들을 따로 불러 이야기를 나눈다.

물론 그런 자리를 마련한다고 해서 거침없이 요구 사항이나 문제점을 토로하는 사원은 거의 없다. 그래서 내가 먼저 입을 떼고 나는 어떤 생각으로 회사를 꾸려나가려 하는지, 직원들이 어떻게 협조해주길 바라는지 설명한다.

이런 모든 활동의 이유는 '사원들이 스스로 생각하기'를 바라기 때문이다. 어떤 사람은 시간이 흘러도 자신의 자리를 찾지 못해 의기소침해하기도 한다. 이 회사가 자기에게 맞지 않는 곳은 아닌지 고민하는 기색이 엿보일 때도 있다. 그러면 나는 현장에 찾아가 말해준다.

"사표 써도 절대로 안 받아줄 거예요! 그러니까 같이 좋은 회사를 만들어요!"

'당신은 이 회사에서 중요한 존재'라고 알려주는 것만큼 큰 응원은 없다. 스스로 일어서 자신이 할 수 있는 일, 해야 하는 일을 찾아가도록 지지하는 것이 바로 회사의 할 일이자 경영자의 역할이다.

최고의 '청소 상'을 받다

"산업폐기물 처리회사라고는 도저히 생각할 수 없을 만큼 깨끗하네요. 이런 드라마가 탄생하기까지 참 많은 고비를 극복하셨겠어요."

재단법인 일본청소협회의 이마무라 사토루(今村暁) 이사장이 말했다. 우리 공장에 견학을 와보고는 예상과 다른 모습에 깜짝 놀란 모양이었다.

나는 우리 회사가 10년 이상 3S 활동을 실천해온 과정을 설명했다. 날마다 순회지도보고서를 작성했고, 달마다 업무 보고서를 만들었으며, 봉사하는 마음으로 10년 이상 이 지역의 쓰레기를 수거해왔다고.

내 이야기를 들은 이마무라 이사장은 한 가지 제안을 했다.

"정말 열심히 활동하셨군요. 귀사는 앞으로도 계속해서 발전할 겁니다. 지방의 중소기업에서 출발했지만, 틀림없이 일본 전체에서 인정받는 회사가 될 겁니다. 혹시 체계적으로 환경을 정비하는 방법을 배우실 생각은 없나요? 저희 '청소대상'에 응모해보셨으면 합니다."

일본청소협회가 주최하는 전국 대회인 청소대상은 이 분야에서 가장 격식이 높은 대회로 알려져 있다. 협회는 '청소 기술 향상 및 좋은 습관 만들기'를 위해 노력하고 눈에 띄는 활약을 보여준 개인과 기업을 대상으로 청소대상을 수여한다. 이시자카산업은 이마무라 이사장의 권유로 2014년 이 상에 도전한 결과, 쟁쟁한 다른 후보들을 모두 물리치고 '청소대상'과 '문부과학대신상'을 동시에 수상하는 영예를 안았다.

시상식에서 이마무라 이사장은 다음과 같이 치하의 말을 전했다.

"사이타마 현 도코로자와 시 근처에서 일어난 다이옥신 사태를 계기로, 업계의 한 대형 회사는 전례 없는 선택을 내렸습니다. 지역과 공생하는 기업이 되기 위해 개혁에 뛰어들었고 그 결과 환경 친화적인 기업으로 재탄생한 것입니다. '새롭게 태어나려면 완벽을 기해야 한다'는 굳은 의지가 있었기에 가능한 일이었습니다. 이시자카산업은 어떤 업체보다도 '청소'에 관한 높은 기준을 설정했고 이를 철저히 지켰습니다."

나는 누구보다도 우리 직원들이 이 상을 받아야 한다고 생각했다. 그래서 시상식에 사원 다섯 명과 함께 참석했다. 현장에서 홀린 자신들의 땀이 마침내 보상받는 것을 지켜보며 직원들의 눈에 눈물이 맺혔다.

"사장님, 정말 기쁩니다."

"그동안 고생하셨습니다. 모두 여러분 덕분입니다."

감격에 찬 직원들을 보며 나도 뜨거운 감정이 북받쳤다.

낡은 구두 같은 일터 만들기

지난 12년을 돌아보면 무엇보다도 직원들이 크게 바뀌었음을 실감한다. 예전과 같은 사원은 이제 하나도 없다. 언제 회사를 방문하더라도 한결같이 말끔하게 정리 정돈된 모습을 볼 수 있다. 우리 회사를 찾은 고객들은 입을 모아 얘기한다.

"직원 분들이 어찌나 정중하게 인사를 하는지 깜짝 놀랐습니다."

"근무하는 모습들이 아주 활기차고 신나 보이더군요."

사장과 직원들이 흡사 사감 선생과 불량 학생 같던 시절은 이제 옛 추억이 되었다. 더 좋은 회사를 만들고자 적극적으로 고민하는 직원들이 계속 늘고 있으며, 그들은 나에게 더없는 자랑거리다.

나는 우리 직원들이 여기에서 한발 더 나아가, 회사의 물건을 '내 물건'이라 여기는 단계에 도달하길 바란다. 회사에서 사용하는 도구며 소모품들을 자기 집에서 사용하는 내 물건처럼 소중하게 여긴다면 일을 대하는 마음가짐 자체가 한층 더 진지해지리라 생각한다.

한때 나는 충동구매를 습관처럼 하곤 했다. 꼭 필요하지 않아도 겉보기에 예쁘다 싶으면 그냥 구매했고, 몇 번 사용하지도 않은 채 쓰레기로 내버렸다. 이런 습관에 문제가 있다는 걸 인식한 것은 사장이 되고 나서였다.

일에 치여 살다가 시간이 날 때면 대청소를 했는데, 그때마다 언제 샀는지도 모를 물건들이 쏟아져 나왔다. 처치 곤란한 짐들을 한데 모아서 버리다 보면 손을 대지 않아 새것과 다름없는 물건들이 너무 많았다. 많이 써서 망가진 것은 극히 일부였다.

'참 많이도 낭비하며 살았구나.' 하는 후회가 들었고 어느 순간 가치관이 변하기 시작했다.

'정말 필요한 것, 마음에 드는 것만 사고 한번 구입한 것은 오래도록 아끼며 사용하자.'

물건에 대한 애착은 그럴 때 생겨난다. 그렇게 한번 마음을 준 물건은 수리를 해서라도 오래도록 쓰고 싶어진다.

내가 특히 아끼는 물건 중 하나는 오래된 소나무로 만든 침대다. 사장으로 막 취임해 눈코 뜰 새 없이 바쁘던 시절, 침대만큼은 마음에 쏙 드는 좋은 것을 사고 싶었다. 여러 매장을 둘러보고 고른 것은 소나무 재질의 앤티크 침대였다. 아마 다른 사람들 눈에는 낡고 볼품없는 골동품으로 보였으리라.

나는 이 골동품을 사서 좀 더 튼튼하게 손질하고 새로 기름칠도 했다. 시간이 흘러 한 번씩 기름칠을 더할 때마다 침대는 예쁜 설탕공예품 색깔로 바뀌어갔다. 세월과 함께 애착도 더 깊어졌다. 아마도 나는 평생 이 침대를 사용할 것 같다.

구입한 지 7, 8년이 지난 신발도 아직까지 신는다. 굽도 갈고 안창도 바꾸며 신다 보니 오히려 처음 샀을 때보다 더 마음에 든다. 싼 값에 신발을 사서 한 계절만 신는 사람도 있겠지만, 나는 조금 값을 치르더라도 정말로 마음에 드는 신발을 사서 오래도록 손질해가며 신는 것이 좋다.

내가 직원들에게 원하는 자세도 이와 비슷한 '애착'이라 할 수 있다. 회사를, 내 일을, 나에게 소속된 물건들을 나에게 맞도록 길들이고 가꿔나가며 오래도록 함께할 동반자로 삼는 과정. 그 과정을 하루하루 거칠 때 나와 회사가 함께 성장하리라 믿는다.

3

휴가는 무조건,
부업은 필수인 회사

회사라는 지옥을 벗어날 수 없었던 이유

사장이 된 서른 살 무렵. 몸은 바쁘고 머릿속은 혼란스러운 상태
가 계속되었다. 안정적으로 ISO 인증 내용을 실천하고 철저하게
3S를 유지하고 싶었지만, 마음처럼 쉬운 일이 아니었다. 나를 더
위축되게 만드는 것은 아버지였다. 흐트러진 상황을 목격할 때마
다 아버지는 "전혀 안 되고 있잖아! 이럴 거면 관둬!" 하고 호통을
쳤다.

　아버지의 목소리가 높아질 때면 나뿐 아니라 직원들도 함께 움
츠러들었다. 나는 점점 조급해졌고 'ISO와 3S를 어서 빨리 정착
시켜야 하는데 어떻게 하면 좋지?' 하는 생각에 매 순간 시달렸다.
아버지에게 뭔가 개선 방안을 제시했다가 면박만 당하는 경우도 흔했다.

성정이 강한 아버지는 "너는 뭐하는 녀석이야!" 하며 인사말처럼 호통을 쳤는데, 마음의 여유가 없을 때는 늘 듣는 그런 호통이 더 날카롭게 다가왔다. '이따위 사장, 안 하면 그만이지!' 하는 심정으로 혼자서 욕조에 들어 앉아 울기도 참 많이 울었다.

집에서 잠만 자고 다시 회사로 나오는 날이 계속됐다. 그나마 잠도 쉽게 이루지 못해 불면증에 시달렸다. 잠들지 못하는 날이 이어지면서 2년 정도는 수면제에 의존해야 했다. 몸이 녹초가 되어서 침대에 쓰러져 누웠건만, 이상하게도 머릿속은 점점 또렷해졌다. 머리와 몸, 마음의 균형이 무너지고 있었다.

'이 상태가 계속 이어지면 나는 완전히 망가지겠구나.' 하는 생각이 들었지만 멈출 수 없었다. '지금 같은 상황에서 내가 어떻게 쉴 수가 있겠어?' 하는 생각에 자신을 더욱 옭아맬 뿐이었다.

가정에도 금이 가기 시작했다. 영업본부장으로 일하던 때부터 나는 육아와 일 사이에서 전쟁을 치러야 했다. 당시 회사에서 풀타임으로 일한 뒤 보육원으로 직행해 아이를 찾아 돌아오면 8~9시가 다 되었다. 그때는 천 기저귀를 사용하던 터라 기저귀 천을 세탁기에 돌리고, 널고, 개고 나면 어느새 11시가 훌쩍 넘었다. 칭얼거리는 아이 때문에 자리에 눕지도 못하고 어르는데, 잠에 곯아떨어진 남편의 얼굴을 볼 때면 마음에 찬바람이 불었다.

사장에 취임하고 난 뒤로 상황은 더 악화되었다. 나는 일에 한층 더 매달렸고 마음속에서 남편의 자리는 점점 더 작아졌다. 둘

째까지 임신한 몸이라 스트레스는 극에 달했다. 사소한 오해와 다툼이 쌓였고, 그토록 사랑했던 남편과 결국 이혼을 하고 말았다.

고지식했던 나는 숨 돌리는 법을 몰랐다. 일을 늘릴 줄만 알았지, 일에서 잠시 떨어져 나오거나 일을 줄여야겠다는 생각은 하지 못했다. 날마다 서둘러 집을 나와 늦은 밤이 되어서야 돌아갔다. 저녁 시간만 되면 심장은 쿵쾅쿵쾅 뛰기 시작했다. 체중도 급속히 줄었고 얼굴은 나이에 비해 한참이나 더 들어 보였다. 본래 30대라면 싱그러움이 가득할 나이지만, 고단함에 찌든 내 모습은 도무지 30대 여성이라고는 볼 수 없었다. 나 자신을 꾸미고 싶다는 의욕조차 들지 않았다.

나보다는 회사가 먼저였고 회사 일로 머릿속이 늘 꽉 차 있었다. 고객들의 클레임, 현장에서 하루가 멀다 하고 터져 나오는 문제들이 나를 짓눌렀다.

아침에 두 아이를 배웅하고 회사에 출근하면 아무리 서둘러도 8시였다. 아버지는 6시부터 나와 회사 안을 돌아보다가 문제점이 보이면 그 자리에서 직원들에게 불호령을 내렸다.

나는 출근도 하기 전에 직원들의 다급한 전화를 받을 때가 많았다.

"사장님, 큰일 났어요. 회장님이 화가 많이 나셨어요!"

헐레벌떡 회사로 뛰어가면 아버지는 "이제야 출근이냐!" 하고 화를 냈다.

서른일곱이 되던 해, 나는 마침내 한계에 다다랐다고 느꼈다.

'내가 뭘 더 할 수 있을까? 몸과 마음이 다 망가진 채로 인생이 끝나겠구나.'

그렇게 생각하던 어느 날 오랜만에 친구를 만났다. 어쩌다 약속을 잡아도 늘 취소하기 일쑤였는데, 그날은 오랜 친구에게 속마음을 털어놓고 싶었다.

내 이야기를 가만히 듣던 친구가 말했다.

"네 인생은 도대체 뭐니? 아버지가 그렇게 중요해? 일이 세상 전부야? 네 인생이 제일 소중한 거잖아."

'나도 알아. 그렇지만 어떻게 해야 좋을지 모르겠어.'

나는 마음속으로 외쳤다.

친구는 육아와 일에 치여 잠도 못하고 야위어만 가는 나를 걱정했을 것이다. 나도 머리로는 이해했지만, 친구의 진심 어린 염려가 딱딱하게 굳은 마음을 비집고 들어오지는 못했다.

나는 내 안 깊은 곳을 들여다보았다.

'무얼 위해서 이렇게 애쓰는 걸까? 도대체 나는 무얼 바라는 걸까?'

사실 답은 나와 있었다. 내 마음속은 '이 회사를 살리겠다', '이 시자카산업을 영속 기업으로 만들겠다'라는 생각으로 가득 차 있었다.

그것이 소망이었다.

그렇기에 회사를 관둘 수 없었다.

상황이 아무리 고통스러워도 회사를 지킬 사람은, 사장이라는 역할을 맡을 사람은 나밖에 없다고 생각했다.

마음의 둑이 무너지다

그렇게 한계점을 아슬아슬하게 넘나들며 간신히 버티던 어느 날이었다. 피곤한 몸을 이끌고 집에 돌아와 보니 집 안 꼴이 엉망이었다. 당시 중학교 1학년, 초등학교 6학년이던 두 아이가 집을 난장판으로 어질러놓은 것이다.

그 광경을 맞닥뜨린 순간, 팽팽하게 부풀었던 내 안의 풍선이 '펑' 하고 터져버렸다.

그 전까지 나는 좋은 엄마가 되려고 필사적이었다. 아빠가 없어도 엄마인 내가 1인 2역을 하면 된다고 자위하며 아이들에게 최선을 다하려 했다. 음식도 손수 만들어서 먹였고, 숙제도 빼놓지 않고 봐주었다. 쉬는 날이면 아무리 몸이 무거워도 같이 놀러 나가려 노력했다. 그렇게 기를 쓰고 하던 '엄마 노릇'이 그날 한계에 부딪히고 말았다.

나는 머릿속이 새하얘진 채로 절규했다.

"엄마도 사람이야!!"

한번 터진 풍선은 멈추지 않고 사방을 어지럽게 날아다니며 휘저었다. 꼭지가 망가진 수도처럼 제대로 갈무리하지 못한 새카만

마그마가 둑을 무너뜨리고 넘쳐 흘러나왔다. 나는 아이들에게 계속해서 고래고래 소리 질렀다.

아이들은 굳어져서 아무런 말도 하지 못했다. 평소에 화 한 번 내지 않던 엄마가 마치 딴 사람이 된 것처럼 울부짖었으니 얼마나 놀라고 당황스러웠을까? 그럼에도 나는 감정을 추스르지 못했다.

"엄마는 나갈 거야! 너희들 뒤치다꺼리하면서 사는 거, 이제 안 해!"

그렇게 내뱉고는 엉엉 울면서 차 열쇠를 들고 집을 뛰쳐나왔다.

시동을 켜고 한참을 달렸다. 캄캄한 밤길을 달리다 보니 차츰 마음이 가라앉았다. 요동치던 심장도 조금씩 제자리를 찾아갔다.

나는 근처 공원에 차를 세웠다. 이성이 돌아오자 나 자신을 향한 깊은 혐오감이 천천히 고개를 들었다.

'내가 애들한테 도대체 무슨 소리를 한 거야. 나는 정말 왜 이럴 까……'

하염없이 눈물을 흘리며, 고요한 슬픔 속에 한동안 잠겼다. 그러다 퍼뜩 아이들에게 생각이 미쳤다.

'이러고 있을 때가 아니야. 빨리 애들한테 가야 해!'

나는 서둘러 시동을 켜고 집으로 돌아왔다.

차에서 내려 집을 향해 뛰려는데, 아파트 현관 앞에 그림자 두 개가 아른거렸다. 아이들이 아파트 출입문 앞에서 서성이며 내가 돌아오기를 기다리고 있었다.

"엄마가 다신 안 오는 줄 알았어."

흐느끼는 아이들을 보며 정말로 해서는 안 될 짓을 했다는 후회가 밀려왔다.

그날을 계기로 아이들이 달라졌다. 툭하면 제멋대로 고집을 부리던 아이들이 엄마를 배려하기 시작했다. 내가 피곤해 보이면 목욕물을 받아놓고 먼저 씻으라고 얘기해주는가 하면, "오늘은 밖에서 사 먹자. 엄마가 꼭 집에서 만들어주지 않아도 돼." 하고 기특한 소리를 하기도 했다. 그럴 때는 나도 억지로 기운을 내기보다 밖에서 편하게 외식하는 쪽을 택했다.

아이들 덕분에 집이 조금씩 더 휴식의 공간에 가까워졌다. 달라진 아이들을 보며, 이제는 내가 달라질 차례라는 생각이 든다.

최근에는 "하루 정도는 엄마 없어도 괜찮아. 온천에라도 가서

좀 쉬고 와"라며 내가 좋아하는 온천 여행을 권해주기도 한다. 물론 그렇다고 얼씨구나 좋다며 떠날 수는 없다. 아이들을 두고 혼자 여행을 가봐야 마음이 쓰여서 편히 쉴 수도 없을 것이다. 하지만 퇴근 후에 잠깐씩은 내 시간을 가지곤 한다. 아이들에게서 '혼자만의 시간'이라는 선물을 받은 덕분에, 나를 옥죄던 긴장에서 한 번씩 해방될 수 있게 되었다.

그렇게 나는 마음의 건강을 천천히 되찾았다.

'기분 좋은 아침'을 맞이하는 능력

20대 초반 무렵, 나는 1년에 한 번씩 나 자신에게 선물한다는 의미로 보석 액세서리를 구매하곤 했다. 그 선물을 위해서 더 열심히 일할 정도였다. 그런데 결혼하고 나서부터는 그 습관을 버릴 수밖에 없었다. 내가 일해서 번 돈이라도 결혼 후부터는 가정의 돈이 되었기 때문이다. 게다가 사장이 되고 나서는 일에 몰두하느라 그런 습관이 있었는지조차 잊고 지냈다.

그런데 어느 순간, 이제 나 자신에게 다시 선물을 할 때가 되었다는 생각이 들었다. 마음의 건강을 잃을 정도로 나를 몰아붙인 결과, 가장 중요한 것이 무엇인지 깨달았기 때문이다. 내 마음 상태는 행동에 고스란히 반영되고, 그 행동에 따라 일의 능률이 달라진다. 다시 말해 하루를 어떤 기분으로 시작하느냐가 업무의 질을 결정하는 셈이다. 그런 의미에서 '기분 좋은 아침'을 맞이하는 것도 하나의 능력이라 할 수 있다.

나는 '기분 좋은 아침', '편안한 마음'을 위해 나에게 선물을 하기로 했다. 그래서 먼저 스스로 질문을 해보았다.

'내가 제일 원하는 게 뭐지?'

어쩐지 보석보다는 오토바이가 갖고 싶었다.

나는 곧바로 대형자동이륜차 면허증을 땄고, 1300cc급 할리데이비슨을 구입했다. 무게가 300킬로그램이나 나가는 모델이라 잘못해서 쓰러뜨리면 혼자서는 일으키지도 못할 정도였다.

오토바이를 구입하자마자 장거리 주행에 나섰다. 내가 좋아하는 네일아트를 하고서 마음에 드는 옷을 입고 할리데이비슨에 올랐다. 시동이 켜지면 그 묵직한 엔진 소리에 해방감을 느꼈다. 피폐해졌던 영혼이 되살아나는 듯했다.

할리데이비슨을 탈 때는 무념무상의 상태가 된다. 일 생각은 전혀 하지 않는다. 사실 처음에는 빠른 속도를 이기고 사고를 내지 않으려 집중하다 보니 딴 생각을 할 겨를이 없었다. 그런데 신기하게 운전에 익숙해진 다음에도 일 생각은 나지 않았다. 그저 눈앞을 스치는 것에만 시선과 생각을 고정하게 되었다. 그렇게 한바탕 바람 속을 달리고 돌아오면 속이 다 뻥 뚫리는 기분이었다.

나는 할리데이비슨을 몰기 시작하고 나서야 사계절의 경치가 얼마나 아름다운지 깨달았다. 한여름의 무성한 녹음, 울긋불긋 타오르는 가을 산, 메마르고 고요한 겨울 들판. 계절마다 바뀌는 경치와 공기의 변화가 그렇게 좋을 수 없었다.

생각해보면 사장에 취임한 후 나는 늘 회사 안에만 틀어박혀 있었다. 마음에 여유도 없어서 계절이 흐르는 것조차 느끼지 못했다. 그런데 나 자신에게 할리데이비슨을 선물한 이후, 나는 자연을 감상하는 법을 새로 배웠다.

황홀하게 저무는 붉은 노을을 바라보며 "살아 있다는 건 정말 멋진 일이야!" 하고 영혼이 구원을 받는 듯했던 순간도 있었다.

계절을 느낄 수 있는 장소를 적극 찾아다니다 보니 오감이 점점 더 예민해졌다. 비록 쉬는 날은 일요일 하루지만, 그 하루를 마음껏 활용해 아름다운 계절을 누리고, 제철 음식을 먹고, 온천을 즐긴다. 일과 내가 분리되고 사생활이 균형을 잡게 된 덕에, 나는 조금씩이지만 '인생을 즐긴다'라고 자신 있게 말할 수 있게 되었다.

이제 나의 일터가, 그리고 우리 회사 근처의 잡목림이 한층 더 소중하게 느껴진다.

일과 삶의 균형을 위한 '틈'

나는 원래가 삶의 균형을 잡는 일에 서툴기 짝이 없는 인간이다. 출근해서 일을 시작하면 도무지 쉴 줄을 모른다. 점심밥도 회의를 하면서 먹고, 다 먹으면 곧장 오후 일에 돌입해서 한 번도 쉬지 않고 밤까지 계속한다. 심신이 피곤해도 느긋하게 긴장을 풀고 쉬는 것이 잘 되지 않는다.

외부 손님들 접대를 할 때도 그렇다. '다른 직원들도 이렇게 열심인데 나만 먼저 갈 수는 없지.' 하고 마지막까지 자리를 지킨다. 그렇게 늦은 밤까지 회사에 묶여 있다가 집에 돌아오면 피로를 충분히 풀지 못한 채 아침을 맞는다. 그럼 다시 일찌감치 출근해서 일을 시작한다.

서른 살에 사장이 되고 나서부터 늘 그런 하루의 반복이었다. 그리고 결국 심신의 균형을 잃고 말았다.

마흔이 되어서 30대를 돌아보니 시간이 어찌나 빨리 지나갔는지 도무지 기억에 남는 추억이 없었다. 오히려 여유로웠던 20대의 기억이 훨씬 더 많았다. 인생의 10년이 그렇게 회사 안에서 증발했다는 사실이, 내 30대가 아무런 추억도 없이 사라졌다는 사실이 믿기지 않았다.

30대에는 계절을 맞이할 줄도 몰랐다. 물론 여름이면 덥다고, 겨울이면 춥다고 느끼기는 했지만, 정작 계절감을 맛본 적은 없었다. 늘 에어컨이나 난방기가 돌아가는 실내에 있다 보니 바깥 공기가 어떤지 제대로 실감하지 못했다.

그러던 차에 지인을 따라 어떤 식당에 가게 되었다.

그 식당은 입구에서부터 계절 분위기가 물씬 풍겼다. 그때가 3월쯤이었는데, 입구는 물론이고 식당 내부의 각 객실마다 히나 인형(일본에서는 3월 3일이 되면, 여자아이들의 무병장수와 행복을 기원하는 전통 행사를 열며 이때 히나 인형으로 단을 장식한다-옮긴이)이

놓여 있었다.

지인은 말했다.

"여기는 계절마다 장식이 바뀌어요. 봄에는 벚꽃을, 가을에는 달을 장식하더라고요. 여기에 오면 계절을 느낄 수 있어 좋아요. 매번 장식이 바뀌니 또 오고 싶다는 생각도 들고요."

식당 주인에게 칭찬을 건넸더니 환하게 웃으며 이렇게 답했다.

"다들 여기 장식을 즐기러 오시죠. 계절이나 연중행사에 맞춰서 그때그때 새롭게 꾸미거든요. 실은 이 가게의 예전 주인이《때마다 다른 계절 장식(室礼おりおり)》이라는 책을 낸 분이랍니다."

나는 이날 계절 장식을 뜻하는 '시츠라이(室礼)'라는 말을 처음 알았다. 호기심이 생겨 가게 주인이 말해준 책을 샀다. 책에는 이런 설명이 나와 있었다.

"시츠라이란 계절의 느낌을 연출하는 것으로, 찾아오는 손님을 환대하는 한 가지 방법이다."

나는 이 시츠라이를 회사에 도입하기로 했다. 회사 주변에 계절마다 다른 풍경이 펼쳐지는 잡목림이 있어서 재료는 차고 넘쳤다. 그 숲에 핀 계절 식물로 꽃꽂이도 하고 크리스마스트리도 만들었다. 내가 할 수 있는 범위 내에서 최대한 회사를 예쁘게 장식했다. 이유는 간단했다. 나뿐만 아니라 사원들이나 찾아오는 고객들이 이 공간에서 계절감을 맛보았으면 했기 때문이다.

'오다가다 눈으로 즐기는 그런 장식들이, 머릿속이 업무로 꽉 찬 사람들에게 잠시나마 짐을 내려놓을 수 있는 '틈'을 선물할 수 있지 않을까?' 하고 바랐다.

특히 나처럼 고지식한 사람들은 고민거리가 생기면 해결이 될 때까지 맞서 싸우려 한다. 고민에 사로잡혀 한순간도 떨쳐내지 못한다. 그러다 보면 자칫 마음이 균형을 잃고 무너지기도 한다. 그래서 인위적인 방법으로라도 '틈'을 비집어 만들고 숨을 고르도록 해주어야 한다.

긴장을 좀처럼 풀지 못하는 사람들에게, 계절 장식은 발걸음을 잠시 멈추도록 도와주는 작은 방지턱 같은 존재다.

VIP 거래처보다도 귀한 손님

나는 계절 장식을 시작하면서 '오모테나시', 즉 '진심 어린 환대'에 관심을 갖게 되었다(일본에서는 손님을 극진히 대접하는 특유의 서비스 문화를 가리켜 '오모테나시'라 부른다-옮긴이).

그 가게는 계절 장식에 왜 그렇게 신경을 썼을까?

아마도 찾아오는 손님에게 기쁨을 주고 싶다는 이유가 컸으리라. 손님이 무엇을 원할지, 어떤 것에 기뻐할지를 고민하는 마음이 가게의 장식에 담겨 있다.

그럼 일시적인 즐거움만이 목적일까? 나는 그게 다가 아니라는 결론을 내렸다. '오모테나시'는 결국 손님과 신뢰 관계를 맺기 위한 것이라는 게 내 생각이다. 한마디로 말해 오모테나시란 '신뢰

쌓기'다. 내가 신뢰를 맺고 싶은 사람, 혹은 맺어야만 하는 상대가 있다면 모든 오모테나시를 총동원하게 된다.

그렇다면 비즈니스에서 오모테나시의 대상은 누구일까?

제일 먼저 떠오르는 대상은 고객과 거래처일 것이다. 회사의 수익과 직결되는 이들은 물론 오모테나시를 제공해야 할 중요한 대상이다. 하지만 훨씬 더 긴밀한 신뢰 관계를 맺어야만 하는 이들이 있다.

바로 사원이다.

회사의 직원들이야 말로 최상의 오모테나시를 누려야 할 손님, 가장 가까이에서 서로 믿어야 할 사람들이다.

멋진 건물이 밥 먹여준다

지난 12년간 회사도, 사원들도 크게 달라졌다. 직원들은 회사에 자긍심을 가지고 일하며, 창의적인 노력도 아끼지 않는다.

"더 좋은 회사를 만들려고 노력하고 있습니다. 꼭 그렇게 해낼 테니 힘을 보태주세요."

언젠가 직원들에게 했던 이 약속을 나는 서서히 실행에 옮기고 있다. 사원들이 성장함에 따라 우리 회사는 3~4년 전부터 여러 제도를 정비하기 시작했다. 복리후생 제도와 임금 체계를 새로 고쳤고, 사원들의 능력을 평가할 수 있는 제도도 신설했다. 각 직원

의 능력과 경험에 걸맞은 훈련 및 연수를 진행하는 '커리어 플랜'
도 실시하는 중이다.

만약 사원들이 달라지지 않았다면 이런 제도는 꿈도 꾸지 못했
을 것이다. 예전처럼 회의적인 분위기였다면 "커리어 플랜? 무슨
희한한 걸 또 한다는 거야?" 같은 반응만 돌아왔으리라.

공장을 효율적으로 운영하기 위해 3S를 실시하듯, 마음가짐에
도 정리와 정돈이 필요한 법이다. 정리되지 않은 장소는 아무리
청소해봐야 깨끗해지지 않는다.

내 오랜 꿈이었던 '새로운 본사 건물'도 완공했다.

나는 사장이 막 되고 나서부터 본사 건물을 다시 짓자고 아버지
께 수시로 건의했다. 사람들이 회사를 박차고 나간 뒤 유능한 인
재를 새로 채용하려면 이미지부터 쇄신해야 한다고 생각했기 때
문이다. 하지만 아버지는 완강했다.

"건물이 밥 먹여주냐? 건물이 좋다고 돈이 더 벌리는 게 아니
야."

나 역시 뜻을 굽히지 않았다.

"건물이 너무 더러워요. 이래서는 좋은 인재를 모집할 수 없어
요. 사람들은 직장을 볼 때 이미지로 판단한다고요. 안 그래도 '산
업폐기물 처리업체'라고 하면 다들 꺼리는데, 이미지를 개선하려
고 노력해야죠."

그때의 본사는 공사 현장에서 흔하게 볼 수 있는 조립식 가건물
같은 모양새였다. 벽체가 허술하고 화장실도 남녀 공용인 데다 전

혁 깨끗하지 않았다. 그런 곳에서 일하고 싶어 하는 청년들은 없을 것이다.

나는 제대로 된 건물을 짓고 싶었다. 건실하고 깔끔한 이미지를 갖추면 직원 채용 시 지원자들의 관심을 얻는 데 훨씬 유리하다. 그래야 역량 있는 인재들을 끌어모을 수 있고, 회사의 개혁에 힘을 더해줄 조직 또한 꾸릴 수 있다.

그래서 아버지와 정반대의 의견을 내세웠다.

'장기적으로 보면 본사 건물이 밥 먹여준다.'

2002년부터 마음에 품었던 이 꿈은 2006년 신사옥이 완공되면서 마침내 이루어졌다.

내 예상대로 예전보다 훨씬 더 많은 지원자들이 채용 공고에 응해주었다. 우리는 잠재력 있는 젊은 인재들을 대거 채용했고 사원들의 평균 연령은 55세에서 35세로 순식간에 낮아졌다.

휴가 권하는 회사

본사 건물을 새로 올리고 신입 사원들을 모집하면서 한 가지 염려되는 부분이 있었다. 당시 회사가 내부적으로 어수선한 상황이었고 그에 반해 규칙은 상당히 엄격했다. 나는 면접 자리에서 회사의 상황을 충분히 설명한 뒤 여기에 수긍하는 사람들만 채용했다.

하지만 머리로 이해하는 것과 실전은 다르다. 초년생들이 직장을 구할 때는 '다양한 경험을 쌓아보자'는 조금은 가벼운 마음으로 선택을 하는 경향이 있다. '일단 가보고 아니다 싶으면 관두지, 뭐'라고 생각하는 이들도 흔하다. 우리 회사의 신입 사원들 중에도 막상 출근해보니 생각과 다르다며 관두는 이들이 속출했다. 회사에서 시키는 공부가 너무 많다고, 규율이 엄해서 갑갑하다고 사표를 던졌다.

상황이 이렇다 보니 이직률이 꽤나 높았다. 이제 막 입사 수속을 마쳤는데 사흘 만에 그만두겠다는 사람들이 연달아 나왔다. 인사부는 입사와 퇴사 수속을 하느라 다른 업무를 보기 힘들 정도였다. 보다 못해 정사원이 되기까지 지켜야 하는 계약 기간을 만들었다. 신설한 계약 기간은 1개월이었다. 적어도 1개월은 일해야 정사원이 될 수 있었고, 회사 측에서는 그 기간 동안 신입 사원이 잘 버티는지 지켜보았다.

신입 사원들의 정착률이 낮은 것은 심각한 문제였다. 이직률이 높은 업체는 결코 좋은 회사라 할 수 없기 때문이다. 만약 안정된 대기업이라면 적응하지 못하는 직원들을 위한 교육 프로그램을 따로 마련하거나, 부서 배치를 다시 하는 등 세심하게 편의를 봐줄 수 있을 것이다. 그러나 당시 우리는 회사 자체가 죽느냐 사느냐의 기로에 서 있었다. 중도 포기하려는 사원까지 다독이며 끌고 갈 여력은 없었다. 사원들이 스스로 바뀌어야만 회사도 살아남을 수 있었다.

입사한 직원이 얼마 후 사표를 쓰면 나는 그냥 퇴직 처리를 해주었다. "그렇군요. 그럼 다른 좋은 회사를 찾으세요"라는 말밖에 할 수가 없었다.

그런 일을 겪으면서 속으로 다짐했다.

'이 힘든 상황을 함께 헤쳐나가는 사원들에게 나중에 반드시 보답하리라.'

그래서 매번 채용 면접이 있을 때마다 입버릇처럼 이야기했다.

"지금은 회사가 어렵습니다. 그렇지만 장차 좋은 회사를 꼭 만들고 싶습니다. 열심히 동참해주셨으면 합니다."

다행히도 시간이 지나면서 회사는 서서히 안정되어 갔다.

우리 회사는 내근자의 60퍼센트가 여성이다. 동종 업계의 다른 회사에 비하면 매우 높은 비율이다. 여성들이 회사에서 오래도록 일할 수 있으려면 제도가 뒷받침되어야 한다. 그리고 무엇보다 직장 내 분위기가 협조적이어야 한다.

내가 출산했을 때 아버지는 "빨리 돌아오지 않으면 네 책상 사라질지도 몰라"라며 뼈 있는 농담을 던졌다. 그래서 나는 산달 직전까지 일했고 출산 후 한 달 만에 바로 복직했다. 유급 휴가를 신청하고 싶어도 사장이나 동료들이 '지금껏 그렇게 오래 쉰 사람은 없었어.' 하는 분위기를 조성한다면 누구든 망설여질 것이다.

현재 우리 회사의 유급 휴가 사용률은 업계 최고 수준이다. 일반적인 휴가뿐 아니라 생일 휴가, 기념일 휴가, 가족 휴가, 재충전 휴가 등 다양한 제도를 마련한 덕분이다. 이런 유급 휴가를 사원들이 반드시 사용하도록 의무화하고 있다. 연간 계획도 휴가를 감안해서 세우도록 한다. 직원들은 원하는 때에 손쉽게 휴가를 쓸수 있다.

직원 교육을 할 때 내가 강조하는 것 중 하나가 바로 '일과 삶의 균형'이다.

"사람마다 일하는 방식도, 사는 방식도 달라요. 스스로 일과 삶사이에 균형을 잡아야 합니다. 휴가를 꼭 사용하세요."

이런 회사 차원의 노력이 없었다면 아직도 우리는 '휴가는 언감생심' 하는 삭막한 직장에 머물러 있었을 것이다. 지금처럼 여성들이 일할 수 있는 회사, 개인의 삶을 누릴 수 있는 회사로 탈바꿈하지 못했으리라.

주민들을 위한 '숲 접대'

우리 회사 6층에 있는 사장실 창문에서는 광대한 잡목림이 내려다보인다. 본래부터 이 지역에 있던 숲인데, 사람들의 손길이 닿지 않아 한동안 황폐해진 채로 있었다. 얼마 전까지만 해도 곳곳에 대량의 쓰레기가 버려져 있기도 했다. 그러나 지역 사람들은오래전부터 이 숲에서 많은 것을 누리며 생활해왔고, 늘 숲에 감사하는 마음을 잃지 않았다.

어느 날, 여느 때처럼 스산한 잡목림을 내려다보다가 문득 한 가지 생각이 뇌리를 스쳤다.

'이 잡목림을 우리 회사가 가꾸고 지킨다면 어떨까? 그게 바로 지역 사람들을 대접하는 좋은 방법, 오모테나시가 아닐까? 주민들과 신뢰 관계를 회복할 수 있을지 몰라.'

영속 기업을 꿈꾸는 우리 회사로서는, 무엇보다 지역과 지역 주민들의 신뢰를 얻을 필요가 있었다. 이 지역에서 사업을 해나가려면 주민들이 믿고 아끼는 산업폐기물 처리업체가 되어야 하기 때문이다. 그런 점에서, 이곳 사람들의 가장 오랜 벗인 숲을 그들 곁으로 다시 돌려주는 것만큼 의미 있는 대접은 또 없으리라고 생각했다.

전략이 아닌 진심으로 다가서다

2013년, 우리 회사는 일본 경제산업성이 주최하는 '오모테나시 경영기업선'에 선발되었다(일본의 경제산업성에서는 ①직원의 의욕과 능력을 최대한 끌어내고 ②지역 및 사회와의 관계를 소중히 하며 ③ 고객에게 고부가가치, 차별화 서비스를 제공하는 경우를 '오모테나시 경영'이라 칭한다. 그리고 이를 하나의 비즈니스 모델로서 권장하고자 '오모테나시 경영기업선'을 실시한다-옮긴이).

산업폐기물 처리업체인 우리 회사와 '진심 어린 접대'라는 말이 좀처럼 어울리지 않는 탓인지, 많은 이들이 질문을 한다.

"오모테나시를 접목한 것이 일종의 경영 전략이었습니까?"

"의외성을 노리신 건가요?"

그러나 애초부터 '오모테나시'를 하자고 마음먹지는 않았다. 처음에는 그저 회사를 찾아오는 고객들에게 계절 장식을 선보여 시시때때로 변하는 계절의 느낌을 선사하고 싶었을 뿐이다.

손님에게 고구마양갱을 내놓았던 것도 특별한 목적이 있었던 것은 아니다. 그저 이 지역의 특산물을 알리기 위해서였다. "그러고 보니 여기 미요시 지역은 고구마 마을로 유명한 가와고에(川越)와 가깝군요." 하고 알아주는 이가 있으면 그것으로 족했다.

그런데 우연히 한 고객에게서 '오모테나시 경영기업선'이라는 게 있다는 말을 들었다.

"이시자카 사장님이 하시는 일이 바로 오모테나시랍니다. 꼭 응모해보셨으면 좋겠어요."

그는 이렇게 추천을 해주었다.

우리 회사가 오모테나시 경영기업선에 뽑힌 것은 일반 소비자가 아닌 회사의 직원들과 지역 사회, 그리고 거래처에 대한 대응 때문이었다. 사원들의 만족도를 높이기 위해 노력하고, 지역 사회에 공헌하는 활동을 지속하고, 사계절을 담은 장식으로 아름다운 환경을 조성한 점 등이 좋은 평가를 받았다.

그렇게 우리의 진심이 담긴 대접은 한층 더 따뜻한 응답으로 돌아왔다.

'무조건 열심히'만으로는 이룰 수 없는 것

이시자카산업에는 아이들이 많이 찾아온다.

아이들은 이곳의 산업폐기물 리사이클 공장을 둘러보며, 건설 현장에서 운반되어 온 폐기물이 다시 자원으로 만들어지는 과정을 직접 관찰한다. 또한 산림공원 '가보쿠엔'에서 오래된 숲속을 거닐며 환경을 생각하는 마음을 배운다.

특히 공장을 견학할 때는 3R(폐기물의 감량화reduce, 재순환 recycle, 재사용reuse)에 대해 공부하면서 자원순환형 사회(대량 생산, 대량 소비, 대량 폐기를 멀리하는 자연친화적인 사회−옮긴이)의 핵심을 체험할 수 있다. 전동 중장비며 태양광 패널 등, 자연에너 지를 적극적으로 활용한 최첨단 공장 설비 또한 신기한 볼거리다.

아이들은 이런 설비를 통해 폐기물이 재활용되는 모습을 넋을 놓고 바라본다.

공장 견학을 마친 후에는 회사 사유지에 조성한 가보쿠엔 공원으로 자리를 옮긴다. 이곳에서 환경 학습 전문가의 설명을 들으며 숲을 탐험하고, 다양한 생태계를 배운다. 상수리나무 열매와 같은 천연 재료를 작은 손으로 조물거리며 수공예품도 만든다.

회사 전체가 아이들의 학습 장소다.

2003년, 이시자카산업은 공장 주변의 잡목림을 새롭게 가꾸는 사업을 시작했다. 그 결과 1,500평이 넘는 가보쿠엔 공원이 조성되었다. 우리 회사가 관리하는 부지는 도쿄돔 4개 크기에 달하는데, 그중 80퍼센트가 녹지로 이루어져 있다. 녹지의 규모가 워낙에 방대하다 보니 본업과 병행하기가 점차 힘들어졌다. 그래서 현재는 사원 여섯 명이 녹지 관리를 전담하며, 가지치기나 솎아내기 등의 전문 작업은 외주에 맡겨 관리하고 있다.

녹지를 관리하는 사내 및 외주 인력의 비용을 합치면 연간 수천만 엔에 달한다. 녹지를 통해 큰 이익이 발생하는 것은 아니지만, 우리는 이 비용을 모두 회사의 경비로 처리한다.

사람들은 의아해한다.

"산업폐기물 처리업체가 왜 그렇게 막대한 경비를 들여서 숲을 재생할까?"

그러나 나에게는 아주 분명한 이유가 있다. '숲 재생이야말로 영속 기업으로 나아가는 길'이기 때문이다.

'숲을 자본으로 인식하고, 이를 활용하여 이익을 올려서 지역과 사원들에게 되돌려준다.'

이것이 바로 내가 생각하는 '산촌자본주의'다.

그리고 산촌자본주의는 우리 회사의 뿌리와 연결된다.

창업자인 아버지의 꿈이자, 그 뒤를 이은 나의 꿈은 바로 이시자카산업이 영속 기업으로서 지역에 뿌리내리도록 하는 것이다. 하지만 사업에만 열심히 매진한다고 해서 그 꿈이 이루어지지는 않는다.

내가 입사하여 사무원으로 일한 지 5년쯤 되었을 때, 나는 이시자카산업이 얼마나 대단한 일을 하는지 처음 알게 되었다. 폐기물을 처리하고 재생하는 우리의 일은 환경사업 그 자체였다. 충분히 자긍심을 가질 만한 일이었지만 세상 사람들의 시선은 전혀 그렇지 않았다.

'산업폐기물 따위는 이 세상에 필요 없어.'

'우리 지역에서 산업폐기물 처리업체는 사라졌으면 좋겠어.'

현실에서 우리는 그저 눈엣가시 같은 존재였고, 지역 주민들에게 외면당하기 일쑤였다.

이 사실을 뼈저리게 느낀 나는 조금이라도 더 많은 사람에게 우리 회사의 존재 의미를 알리고 싶었다. 다양한 방법을 고민했고 실천으로 옮겼다. 회사 건물을 새로 짓고, 사원 교육도 열심히 해서 이미지를 쇄신하려 노력했다. 하지만 회사만 바뀌는 것으로는 한계가 있었다.

거래처나 동종업계 관계자들이라면 몰라도, 애초에 우리 회사나 업종에 아무런 관심도 없는 사람들의 고정관념은 쉽게 흔들리지 않았다. 더욱이 무관심한 일반인도 아닌, 우리 회사에 나쁜 감정을 가지고 있는 지역 주민들은 말해 무엇 할까? 그들의 마음을 돌리기 위해서는 새로운 돌파구가 필요했다.

지역 주민들에게 신뢰와 사랑을 받는 산업폐기물 처리업체. 그 어려운 목표를 이루어야만 '탈 산업폐기물 업체'로 거듭날 수 있고, 영속 기업 또한 될 수 있다고 믿었다. 그것이 바로 이시자카산업이 산촌자본주의를 실천하는 까닭이다.

미운 오리 새끼의 초대

'지역에서 사랑받는 산업폐기물 처리업체'라는 목적지를 향해 출항했지만, 여정은 험난하기만 했다. 마치 미운 오리 새끼가 백조가 되고 싶다고 외치는 꼴이었다. 미움을 한 몸에 받는 천덕꾸러기가 어떻게 하루아침에 사람들의 사랑을 받을 수 있을까?

남들은 코웃음을 칠 일이지만, 난 진심이었다.

다행히 우리에게는 풍요로운 숲이라는 자원이 있었다. 그 안에 폐기물 리사이클 공장이 서 있으니 환경 교육에 이보다 더 좋은 조건은 없을 터였다. 나는 일반인들에게 우리 공장을 개방하는 것만이 방법이라고 생각했다. 숲을 재생해서 환경 교육의 거점으로 삼자는 것이었다.

그렇지만 아버지는 공장 견학을 반대했다.

"환경단체들만 들락거릴 게 뻔해. 사람들에게 공장 설비를 보여줘 봤자 이해해줄 리가 없다. 괜히 긁어 부스럼 만들지 말고 가만히 있어."

아버지 말에도 일리는 있었다. 다이옥신 소동 이후 우리가 공장 전체를 건물로 뒤덮는 '전천후형 설비'를 신설했을 때도 사람들은 삐뚤어진 시선을 보냈다. 산업폐기물을 처리하는 과정에서 주변에 먼지가 날리지 않도록 조치했던 것인데, 사람들 눈에는 우리가 무슨 꼼수를 부리는 것처럼 보였던 모양이다.

"이시자카산업이 작업 현장을 은폐했다!"

"안에서 무슨 짓을 하는지 알 수 없다!"

심지어는 옴진리교(1995년 도쿄 지하철에 사린 가스를 살포하는 테러를 저질러 널리 알려진 일본의 종교 단체-옮긴이)의 종교 시설인 '사티안'에 빗대어 우리 공장을 '이시자카 사티안'이라 부르며 야유를 퍼붓기도 했다.

그러니 아버지가 '긁어 부스럼 만들지 말라'고 염려하는 것도 무리는 아니었다.

그러나 나는 우리 회사와 직원들이 이 세상에 도움이 되는 일을 하고 있다는 자신감이 있었다. 우리가 얼마나 땀 흘려가며 폐기물 리사이클을 위해 애쓰는지 사람들이 알아주고 이해해줬으면 했다. 그렇게만 된다면 직원들도 지금과는 비교할 수 없을 만큼 큰 보람과 의욕을 느끼게 될 터였다.

더불어 산업폐기물 업계 전반을 바라보는 부정적인 인식도 떨어내고 싶었다.

사실, 설비를 새로 짓기 전까지는 회사를 개혁하는 데만 몰두했다. 그런데 친환경 설비를 완공한 이후에도 우리에게 드리운 부정적 이미지는 사라지지 않았다. 오히려 '이시자카 사티안'이라는 조롱만 더해졌을 뿐이다. 업계 자체가 품고 있는 나쁜 이미지를 떨쳐내지 않는 한, 우리는 가망이 없을지도 모른다는 생각이 들었다. 우리가 회사 내에서 아무리 노력한들 사람들의 시선은 달라지지 않을 것이다.

그래서 나는 고집을 굽히지 않고 설비를 개방해야 한다고, '공장 견학'만이 살길이라고 주장했다

20억 원을 투자한 견학 통로

결국 아버지가 마음을 돌렸다.

"이왕에 시작할 거면 제대로 된 견학 통로부터 만들자."

모두 2억 엔(약 20억 원)의 비용을 들여, 2008년 마침내 공장 견학 통로가 완성되었다.

견학 관련 업무는 내가 맡기로 했다. 처음에는 견학을 신청하는

단체가 거의 없었고, 공장을 찾은 몇 안 되는 손님들의 반응도 우리 기대와는 달랐다.

한번은 이런 일도 있었다. 어느 환경단체가 견학을 마치고 돌아갈 때였다. 내가 주차장까지 배웅을 나가 인사를 하는데, 한 사람이 느닷없이 손가락질을 하며 큰 소리로 외쳤다.

"당신이야 열심히 하는지 어쩌는지 몰라도 나는 용서 안 해! 이 시자카산업이 지금까지 해온 짓거리를 절대로 용서 안 한다고!"

나는 충격으로 멍해졌다. 마음 같아서는 이렇게 받아치고 싶었다.

"우리가 뭘 어쨌는데요! 우리는 사람들이 버린 쓰레기를 처리해왔습니다! 그냥 대충 처리한 것도 아니고, 최선을 다해 환경을 살리려 노력하고 있다고요!"

우리는 법률이 정한 기준보다도 더 엄격하게 폐기물을 처리했다. 다이옥신 보도로 비난이 쏟아진 이후로는 소각로를 없애고 새 설비를 들였다. 과거의 유물은 이제 남아 있지 않았다. 새로운 설비 안에서 우리 직원들이 쓰레기를 선별하고 재생하는 모습을 제대로 봐주기를, 우리의 노력을 조금이라도 인정해주기를 바랐을 뿐이다.

그러나 현실은 녹록치 않았다. 사람들의 생각을 바꾼다는 것은 하루아침에 이루어지는 일이 아니었다.

마음을 추스르고 각오를 다지는 수밖에 없었다.

불안과 반감을 녹이는 방법

공장 견학을 시작한 지 2년 정도가 지나자, 사람들의 시선이 서서히 달라지는 것이 느껴졌다. 마침내 우리의 노력을 똑바로 봐주기 시작했다는 느낌이었다.

"산업폐기물 처리업체가 이렇게까지 고생하는 줄 몰랐습니다. 다들 수고가 많으시군요."

견학을 온 업체 사람들이 먼저 이런 인사를 건네기도 했다.

흔히 산업폐기물을 처리한다고 하면 중장비로 마구 집어다가 불로 태우거나 땅에 묻는 줄 안다. 그런데 우리 회사에 실제로 견학을 와서 보면 생각과는 다른 모습에 놀라곤 한다.

"처리 과정이 굉장히 체계적이고 깨끗하네요?"

사람들이 말하면 나는 이렇게 설명한다.

"폐기물을 다시 사용할 수 있게끔 하는 것이 우리의 일입니다. 따라서 폐기물 매립은 최대한 피하려 하죠. 묻지 않고 되살리기 위해 열심히 노력하고 있습니다."

"들어온 쓰레기를 부수어서 자원으로 만드는군요. 이렇게 중요한 일을 하고 있는 줄은 몰랐습니다."

외부 사람들의 반응을 듣다 보니 이런 생각이 들었다.

'대부분의 사람들은 산업폐기물 처리업체가 무슨 일을 하는지 전혀 모르는구나. 그저 '폐기물'이라는 단어가 주는 불쾌한 어감 때문에 무작정 반감을 가졌던 거였어.'

인간은 모르는 것, 이해하지 못하는 것에 불안을 느낀다. 그리고 특정한 계기가 작용하면 그 불안은 반감으로 변질된다. 지금껏 산업폐기물 처리업체를 향해 반대운동을 벌인 사람들도, 대부분은 이 회사가 어떤 일을 하는지 정확히 알지 못했을 것이다.

여기에 생각이 미치자 안타까웠다. 더 많은 사람들에게 산업폐기물 처리 과정에 대해 알려야겠다고, 그럴 수 있는 통로를 활성화해야겠다고 다짐했다.

공장 견학을 통해 외부와의 접점이 조금씩 늘어나자 우리 회사의 인지도도 서서히 올라가기 시작했다. 먼저 견학을 다녀간 사람들이 입소문을 내주면서 견학 신청자도 눈에 띄게 늘어갔다.

'사이타마 가가야키 오기노긴코상(さいたま輝き荻野吟子賞)'이

라는 상이 있다고 귀띔해준 것도 우리 회사에 견학을 온 고객 중 하나였다. 이 상은 사이타마 현 출신으로 일본 최초의 여의사가 된 오기노 긴코(荻野吟子)의 정신을 기리기 위해 제정된 것이다. 2008년 오기노긴코상에 응모한 결과, 감사하게도 이시자카산업이 수상 업체로 선정되었다. 우리 회사가 임원직의 절반 이상을 여성으로 채운 점, 산업폐기물 처리업에 대한 이미지 쇄신을 위해 노력한 점 등이 높이 평가를 받았다.

이런 수상 내역이 알려지면서 이시자카산업의 이름이 더 많은 사람들 귀에 들어가게 되었고, 우리를 바라보는 시선도 한층 긍정적으로 바뀌었다.

쓰레기가 쌓인 숲이 주민들의 쉼터로

우리는 2003년, 첫 공원 시설인 '가보쿠엔'을 조성했다. 가보쿠엔 공원을 만들겠다고 결심한 계기는 '이시자카 사티안'이라는 지독한 별명 때문이었다. 회사의 사활을 걸고 거액을 투자해 완공한 설비가 사이비 종교단체의 건물과 비교된다는 사실에 나는 충격을 받았다.

이시자카산업은 날마다 조금씩 달라지고 있었다. ISO 인증을 취득하고, 설비를 새로 정비했지만 지역 사람들은 우리 노력을 거들떠보지 않았다.

우리 회사가 지역을 오염시키지 않는다는 사실을 어떻게 하면 눈으로 보여줄 수 있을까 고민하다가 산림 공원을 만들자는 아이디어가 떠올랐다. 아버지도 내 뜻에 동조해주었고, 공원 조성 사업에 적극 참여하셨다. '가보쿠엔'이라는 공원의 이름도 아버지가 직접 지은 것이다.

가보쿠엔 공원은 마을의 뒷산 같은 모습으로 탄생했다. 나는 이 공원이 사원들의 복리후생 시설이자, 지역 주민들의 쉼터로 쓰이길 원했다. 실제로 가보쿠엔 공원을 찾은 주민들은 "잡목림에 멋진 공원이 생겼네." 하고 칭찬해주었다.

'멋진 공원'이라는 한마디가 나에게는 가슴을 뛰게 하는 극찬이었다.

공원으로 탄생하기 전, 아무도 관리를 하지 않던 이 잡목림은 낮에도 어두운 정글 같았다. 인적이 뜸한 틈을 타서 산업폐기물을 불법으로 버리는 업자들도 적지 않았다. 이 때문에 우리는 앞선 2001년부터 쓰레기 줍기 자원봉사 활동을 벌였는데, 가보쿠엔 공원을 완성한 이후로는 불법 투기량이 눈에 띄게 줄었다. 시야가 트이고 주민들이 수시로 드나들자 쓰레기를 함부로 버릴 수 없게 된 것이다.

이런 여러 가지 긍정적인 효과 때문에 지역 주민들은 가보쿠엔 공원을 아껴주었다. 좋은 평판에 고무된 나는 공원을 더 넓히자고 아버지에게 건의했다. 아버지 역시 주민들의 반응에 내심 뿌듯하셨는지, 흔쾌히 동의해주셨다.

나는 즉시 잡목림의 다른 토지 소유주들을 찾아가 땅을 빌려달라고 부탁했다.

"가지고 계신 땅을 저희가 정비하겠습니다. 땅을 빌려주실 수 없을까요?"

우리의 노력이 입소문을 타고 알려지면서 땅을 내어주겠다고 먼저 연락하는 사람도 생겼다. 우리가 관리하는 땅은 점차 늘어났다. 개중에는 땅을 아예 팔고 싶어 하는 경우도 있었지만 우리는 임대만 고집했다. 토지를 빌려서 관리하면 소유주와 지속적으로 관계를 맺고 소통을 할 수 있다는 장점이 있기 때문이다.

공원이 점차 넓어짐에 따라, 이곳을 오모테나시의 장소로 삼아야겠다는 결심이 굳어졌다. 제아무리 번듯하게 지어놓은 공원도 사람들이 찾지 않으면 의미가 없다. 우리는 공원을 여러 구역으로 나누어 테마파크를 조성하기로 했다. 제철 과일을 맛볼 수 있는 과일 파크, 신체 활동을 즐길 수 있는 오락 파크 등을 갖추면서 공원은 한결 다채로운 모습을 자랑하게 되었다.

숲을 보호하는 'AAA 등급' 회사

공원이 순조롭게 확대되고 변모하는 동안, 한편에서 뜻밖의 목소리가 들려왔다. '이시자카산업이 숲을 파괴하고 있다'라는 비난이 고개를 들기 시작한 것이다. 비난하는 사람들은 우리가 나무를 마구잡이로 베어 산림을 파괴한다고 주장했다.

하지만 그들이 간과했던 한 가지는, 산림을 보전하는 방법에는 여러 가지가 있다는 사실이다. 나뭇잎 사이로 햇빛이 쏟아지는 산책로를 좋아하는 사람이 있는가 하면, 야생화가 피어 있는 자연 그대로의 숲을 좋아하는 사람도 있다. 정갈하게 다듬어진 정원에서 식사를 하고 싶다는 사람도 있고, 화려한 꽃이 만발한 공원이 취향이라고 말하는 이들도 있다.

정글 같은 잡목림에 둥지를 틀고 살던 매를 보호해야 한다고 주장하는 사람들 눈에는 정비 사업이 나무를 베어 매의 둥지를 앗아가는 자연 파괴 행위로만 비칠 것이다.

하지만 안타깝게도 모든 사람의 요구를 다 수렴하면서 잡목림을 보전하기란 불가능하다. 그래서 나는 보전의 지표가 될 만한 것을 찾기 시작했다. 이시자카산업의 산림 보전 활동이 설득력을 갖추려면 우리가 어떤 방식으로 자연을 보호하고 있는지 내세울 만한 증거가 필요했다.

그래서 찾아낸 것이 JHEP(서식지평가인증제도)였다.

일본생태계협회는 2008년부터 각 기관이 생물의 다양성을 보전하고 회복하는 데 얼마나 많은 노력을 기울였는가를 평가하여 보전 사업의 등급을 매기고 있다. 보전 사업 이전의 모습과 이후의 모습을 비교하여 야생동물들이 얼마나 더 살기 편해졌는지를 평가하는 것이다.

이 제도는 '어떻게 하면 숲을 보호할 수 있을까?'를 고민하던 우리에게 중요한 지표가 될 수 있었다. 마침 언론 매체에서도 '생물 다양성'이라는 용어가 빈번하게 등장하던 시기였다. 우리는 이왕 잡목림을 활용하고 보전하기로 했으니, 이 지역의 생물 다양성을 회복하는 데 도전해보자고 마음먹었다.

준비를 마친 후 JHEP 심사를 신청했다.

심사는 1년이 넘게 걸렸다. 각 계절별로 어떤 식물과 생물이 서식하는지를 확인하여 그 결과를 30년 전의 모습과 비교해야 했기 때문이다. 30년 전의 자료는 일본생태계협회가 가지고 있었는데, 자료에 따르면 30년 전에 이 지역에는 500여 종류의 생물이 살았다고 했다.

우리가 심사를 받을 당시에 최고 등급인 'AAA'를 받은 업체는 모리빌딩주식회사(Mori Building Company)라는 회사 한 곳뿐이었다. 다른 대형 종합건설회사들도 JHEP 심사에 응모했지만 최고 등급은 받지 못했다.

긴 심사 기간이 흐르고 마침내 결과가 나왔다. 이시자카산업은 '숲에서 점차 사라지고 있는 야산을 재생하고자 노력했다'라는 평가와 더불어 일본에서 두 번째로 'AAA' 등급을 획득했다. 놀라운 결과였다. 이제 우리의 사업은 뚜렷한 명분을 확보하게 되었다. 또한 이 심사를 통해 우리가 노력해야 할 방향이 명확해졌다.

1년 동안의 조사를 통해, 우리는 이 숲에서 어떤 생물 종이 감소했는지 알게 되었다. 이미 사라진 멸종위기종도 있어서 이 멸종위기종을 되살리는 데 주력하기로 했다. 또한 30년 전의 생물 다양성에 근접하고자 상수리나무, 졸참나무, 산벚나무 등의 광엽수를 심기 시작했다.

양봉의 장인이 된 폐기물 처리업체

앞에서도 말했듯 30대까지 나는 계절을 느낄 겨를도 없이 일만 하며 살았다. 40대에 접어든 후, 자연을 좀 더 가까이 느끼며 살아야겠다고 다짐했다.

주변의 조언을 구해 휴경지를 빌린 다음 고객에게 대접할 고구마며 고추를 경작했다. 그리고 가루받이에 필요한 꿀벌을 기르기 시작했다.

'꿀벌이 세상에서 사라지면 인류는 4년밖에 살지 못한다'고 아인슈타인도 말했듯이, 꿀벌은 식물과 인간의 삶에 없어서는 안 될 존재다. 나는 그중에서도 멸종 위기에 놓인 토종 꿀벌을 우리 숲에서 길러보기로 했다. 토종 꿀벌은 본래 귀소본능이 약해서 숲에 풀어놓으면 다른 곳으로 쉽게 도망가 버린다. 그래서 꿀벌로 사업을 하려는 사람들은 대개 기르기 쉽고 효율이 좋은 서양 꿀벌을 선택한다. 토종 벌꿀이 귀한 까닭은 이런 이유에서다.

우리 회사에는 꿀벌만 담당하는 사원이 따로 있다. 이들이 직접 양봉한 꿀은 1년에 딱 한 번, 9월에 채밀하는데 판매와 동시에 매진될 만큼 인기가 높다. 언론에서도 우리 벌꿀을 취재하러 와서는 직접 맛을 보고 '역시 토종 꿀'이라며 감탄을 하곤 한다.

사실 토종 꿀벌 한 마리가 만들어내는 꿀의 양은 한 해 동안 작은 숟가락 1개분밖에 되지 않는다. 그래서 값이 비싸지만, 토종 꿀벌을 양봉하는 것이 얼마나 힘든 일인지 아는 사람들은 기꺼이 그 값을 치른다.

우리는 토종 꿀벌을 보호하는 일본꿀벌보호회를 통해 세 개 군을 분봉받아 양봉을 시작했다. 안타깝게도 한 개 군은 병에 걸려 죽고 현재는 두 군이 남아 열심히 숲을 날아다닌다.

토종 꿀벌은 서양 꿀벌과 달리 여러 종류의 화밀을 모은다. 우리 눈에는 꽃인지 아닌지도 모를 식물에게서 신기하게도 달콤한 꿀을 모은다. 남들 눈에는 그저 쓰레기로만 비치는 폐기물 더미 속에서 분주히 일하며, 그것을 삶과 자연의 일부로 되돌리는 우리 회사의 모습과도 닮았다는 생각을 해본다.

아이들이 찾는 공장을 만들기 위하여

2008년에 견학 통로를 완성했을 때, 나는 아이들을 대상으로 환경 교육을 실시하겠다는 계획을 세웠다. 그래서 공장 견학 프로그램을 마련해 각지의 교육위원회를 찾아갔다.

그러나 아무도 상대해주지 않았다. 그들은 산업폐기물 처리업체가 무슨 일을 하는가는 한마디도 묻지 않았다. 그저 안전한 곳인지, 공장 안으로 아이들이 들어가도 정말 괜찮은지만 되풀이해서 확인했다.

나는 우리 회사의 소재지인 미요시 정뿐 아니라 인접해 있는 가와고에 시, 도코로자와 시, 사야마 시, 후지미(富士見) 시, 후지미노(ふじみ野) 시까지 범위를 넓혔다. 하지만 하나같이 교육 예산이 부족해서 견학이 힘들다며 퇴짜를 놓았다. 그래서 학교와 우리 공장 사이를 오가는 무료 셔틀버스 서비스를 마련했다. 결과는 마찬가지였다. 견학을 신청하는 학교는 여전히 한 곳도 없었다.

이 상황을 반전시키려면 전환점이 필요했다. 2012년, 서식지 평가인증제도 심사에서 'AAA'라는 최고 등급을 받은 후 나는 새로운 인정제도에 도전하기로 했다. 이번 목표는 2013년부터 시행되는 '체험 기회의 장 인정제도'였다.

이 제도는 아이들에게 환경 교육을 실시하거나 자연체험 활동의 기회를 제공하는 시설 가운데 안전한 곳을 각 행정구역별로 선별하여 인정해주는 것을 목표로 한다. 이 제도의 지향점은 바로 지속가능발전교육(ESD, Education for Sustainable Development)이다.

지속가능발전교육이란 이 지구에서 인류가 계속해서 살아가려면 어떤 삶의 자세를 견지해야 하는지, 현재의 문제점은 무엇이고 앞으로 무엇을 실천해야 하는지를 종합적으로 가르치는 교육이다. 특히 직접 체험하면서 오감을 통해 느끼는 환경 교육을 중요시한다.

2002년 국제연합총회(UNGA)는, 2005년부터 2014년까지를 '유엔 지속가능발전교육 10개년'으로 선포하고 유네스코를 실행 기관으로 지정했다. 이에 따라 일본에서도 지속가능발전교육 추진을 위한 환경교육 강화사업의 일환으로 '체험 기회의 장 인정제도'를 실시한 것이다.

체험과 학습의 장이 되다

나는 이 인정제도가 있다는 이야기를 들었을 때 어떻게든 꼭 인증을 받아야겠다고 마음먹었다. 2008년부터 환경 교육 장소를 아이들에게 무료로 제공하겠다고 꾸준히 홍보를 했지만 사람들이 큰 관심을 주지 않는다는 사실이 안타까웠기 때문이다.

인정제도가 실시된 후 공익재단법인 키프(KEEP)가 제일 먼저 인증을 받았다. 그로부터 한 달 뒤, 우리 회사가 그 뒤를 이어 '체험 기회의 장'으로서 인정을 받았다. 사이타마 현 최초이자, 민간에서는 최초로 인증에 성공한 사례였다.

심사는 반년 동안 진행됐다. 현지 조사는 두 번에 걸쳐 실시했는데 처음에는 환경국이, 그 다음에는 교육국이 프로그램의 전문성, 실적, 시설의 안정성, 수용 인원, 화장실 개수 등을 조사했다. 이시자카산업은 위의 모든 조건을 충족했다.

우리가 '체험 기회의 장'으로 인정받았다는 소식이 여러 지면에 기사로 소개되자, 공장을 찾는 사람들이 서서히 늘기 시작했다. 2013년에는 연간 방문객 수가 2,000명을 넘어섰는데 이 중 어린이가 차지하는 비율은 약 20퍼센트였다.

우리 공장을 제일 처음으로 찾아온 아이들은 후지미노 시 초등학교의 4학년 학생들 120명이었다. 오락 파크에서 뛰놀고, 족욕탕에도 들어가고, 온갖 곤충을 찾아 탐험을 하면서 아이들은 우리 숲을 마음껏 즐겼다. 견학을 마친 아이들은 상기된 얼굴로 "지금까지 간 곳 중에서 제일 좋았어요!"라고 외쳤다. 아이들의 환한 얼굴을 보면서 우리가 줄 수 있는 최선의 선물을 했다는 사실에 마음이 벅차올랐다. 처음 견학을 다녀간 뒤로 이 초등학교는 지금까지 해마다 우리 공장과 숲을 찾아온다.

최근 이시자카산업의 견학 프로그램이 언론의 조명을 받으면서 다양한 단체의 문의가 들어오고 있다. 학교는 물론이고 자치단체에서 주관하는 여름방학 가족교실이며 비영리단체의 활동 등에도 우리 프로그램이 활발히 이용된다.

우리는 방문객들이 "공원 잘해 놨네." 하는 단순한 감상으로 체험을 마치는 것이 아니라, 환경에 대해 깊이 생각할 수 있는 기회로 삼기를 바란다. 그러려면 왜 지역의 야산(숲)이 중요한지, 우리가 잡목림을 어떻게 공원으로 바꾸었는지, 어떻게 환경을 보존하고 있는지에 대해 자세히 설명해줄 이야기꾼이 있어야 한다. 그래서 환경 교육을 전담하는 부서를 신설하고 8명의 사원들이 방문객을 안내하도록 했다. 외부 자원봉사자들까지 포함하면 약 스무 명이 활동하고 있다.

우리 회사는 2013년에 추가로 '직업훈련학교'로서 인정을 받았다(사내에서는 '이시자카 기술교실'이, 사외에서는 '구누기숲 환경교실'이 인정을 받았다). 취직을 앞둔 학생들이나 이직을 희망하는 이들이 이곳에서 진로에 대해 고민하고 작은 실마리를 얻기를 바란다.

잊힌 '보물산'을 찾아 나서다

소각을 그만두기로 결정했을 때 나는 아버지에게 한 가지 질문을 했다.

"아버지, 혹시 여기를 꼭 고집하시는 이유가 있나요?"

만약 이 지역만 고집하는 것이 아니라면 회사를 이전해서 소각사업을 계속하는 길을 선택할 수도 있기 때문이다. 실제로 당시 우리 주변의 많은 업체들은 이전을 선택했다.

아버지는 내 물음에 이렇게 답했다.

"여기가 최고라고 생각했다. 그래서 마지막이라 생각하고 공장을 지었어."

그 전까지 한곳에 오래 정착하지 못했던 아버지는 이곳을 마지막 거처로 삼고 회사를 세웠다. 그렇게 진심을 담은 장소였고 회사였으니 '이전'이라는 선택지는 생각하지 않으셨던 것이다.

그렇다면 우리는 이곳에 뿌리내리고 회사를 계속 운영할 방안을 강구해야 했다. 지역 주민들에게 '여기에서 산업폐기물을 처리해도 좋습니다'라는 일종의 허가를 받아야 하지 않을까? 그렇게 접근하니 답이 보이기 시작했다.

당시 일본에서는 기업의 사회적 책임이 화두로 떠오르면서 여러 기업들이 다양한 방법으로 사회에 공헌하는 활동을 벌이고 있었다. 우리 회사도 그래야만 했다. 다만, 우리의 공헌 활동은 이 지역에 초점을 맞춰야만 의미가 있으리라 생각했다.

'무엇을 해야 지역 사람들에게 좋은 평가를 받을 수 있을까?'

나의 고민은 꽤 오랫동안 계속되었다.

그리고 그 고민은 '가보쿠엔 공원'이라는 결론으로 이어졌다.

2003년, 처음으로 가보쿠엔 공원을 공개하고 지역 주민들에게서 좋은 반응이 돌아오던 무렵이었다. 어떤 농가의 어르신과 대화를 나누는데 문득 이런 얘기를 하셨다.

"옛날 이 주변에는 산나리가 군생해서 아주 멋졌어요."

그 당시에도 산나리가 많이 피어 있기는 했지만 '군생'이라고 할 정도는 아니었다. 그 말을 듣자 '이 숲은 본래 어떤 모습이었을까?' 하는 궁금증이 일었다.

그래서 이 지역의 다후쿠지(多福寺)라는 절을 찾아갔다. 에도 시대부터 대를 이어오는 유서 깊은 절이었다. 주지 스님에게 이 땅의 역사에 대해 물었다.

주지 스님의 설명에 따르면, 이시자카산업의 본사 건물이 세워

져 있는 땅은 본래 광활한 억새 들판이었다고 한다. 사람들은 이 땅을 개간하여 밭으로 만들고 농작물을 길렀다. 그리고 우리 회사의 공장 설비가 들어서 있는 잡목림은 농가림(農家林), 즉 농가 생활에 필요한 물자를 공급해주는 마을 뒷산이었다고 한다.

이곳이 농가림으로 쓰이던 시절에는 상수리나무가 무성했다. 그래서 맹아갱신(나무를 베고, 그 그루터기에서 난 맹아를 키워 숲을 조성하는 일-옮긴이)이 활발히 이루어졌다. 농가 사람들은 나무가 10년에서 15년쯤 자라면 벌채를 해서 그 간벌재(나무가 잘 자라도록 솎아낸 목재-옮긴이)를 표고버섯 재배용 원목으로 쓰거나 땔감으로 이용했다. 그리고 나무 둥치에 쌓인 낙엽은 퇴비로 만들어서 농작물을 기르는 데 사용했다. 일종의 자원 순환 활동을 실시한 것이다.

지금도 농가 사람들은 공장 주변의 잡목림을 '산'이라고 부른다. 이때의 '산'은 그냥 동네 산이 아닌 '보물산'을 뜻한다. 퇴비로 쓸 낙엽, 버섯 재배용 원목으로 쓸 간벌재, 다양한 산나물 등 일상에 요모조모 보탬이 되는 보물이 가득해서 '보물산'이다.

일본의 옛이야기를 읽다 보면 "할아버지는 산에 잔디를 깎으러 가시고……"라는 말이 자주 나오는데, 이 말은 정말로 잔디를 다듬었다는 뜻이 아니다. 옛 농가에서는 마을 뒷산에 들어가 나무 그늘에 돋은 잡초를 베고 땅에 떨어진 잔가지를 주워 와 땔감으로 삼는 일을 '잔디 깎기'라고 불렀다. 그만큼 뒷산은 생활과 밀접한 공간이었다.

사람들이 그렇게 애정을 담아 불렀던 '산'이라는 단어는 이제 그 의미가 퇴색했다.

도시화가 진행되면서 농업 종사자가 줄어들었고 낙엽 청소도, 나무를 솎아내는 간벌도 더는 하지 않는다. 화학비료까지 도입되면서 퇴비를 만들 필요도 없어졌다. 마을 뒷산에 발걸음 할 일이 점점 줄어든 것이다.

토지 주인들은 쓸모없어진 숲을 팔기 시작했고, 많은 사업자가 그 땅을 구입해 사업을 벌였다. 숲은 점점 황폐해졌다. 마을의 뒷산이었던 잡목림은 벌레가 들끓고 사람이 찾지 않는 버려진 숲이 되었다. 그리고 정글처럼 변해버린 숲에 쓰레기를 불법으로 투기하는 일까지 벌어졌다.

숲 해설가로 나선 직원들

나는 주지 스님의 이야기를 들으면서 앞으로 우리 회사가 뭘 해야 하는지 실마리를 찾았다.

우선은 뒷산부터 보전하고 싶었다. 그리고 이 지역의 역사와 문화도 지키고 싶었다. 옛 농가 사람들이 이용하던 뒷산의 모습을 재생하고 다시금 산나리가 흐드러지게 만들고 싶었다.

그런 마음이 확고해질 때쯤 생물다양성이라는 세계적인 화두가 떠올랐고, 이 역시 고려해야 할 요소로 포함했다. 그렇게 우리의 '숲 재생 프로젝트'가 출범했다. 이후 생물다양성을 평가하는 제도(JHEP)에 대해 알게 되어 그 심사도 신청했다.

우리는 본래 이 숲에 존재하지 않았던 침엽수를 솎아내는 작업부터 시작했다. 묘목을 심고서 15년 정도 지나면 나무가 성장하여 서로 가지와 잎이 겹쳐지면서 더는 크지 않게 된다. 그래서 일부 나무를 솎아내어 남겨진 나무가 성장할 수 있게끔 공간을 만들어주어야 한다.

이 작업은 사이타마 현의 전문가에게 의뢰했다. 사원들도 돕기는 했지만 일반인이 직접 나무를 자르다가는 자칫 실수해서 다른 나무를 쓰러뜨릴 우려가 있었기에, 이 작업만큼은 전문가의 손을 빌려야 했다. 나무가 쓰러지는 각도를 사전에 치밀하게 계산한 뒤, 전동식 톱으로 나무들을 잘라냈다.

그렇게 솎아낸 간벌재는 잘 정리해서 표고버섯 재배용 원목으로 이용했다. 간벌재에 표고버섯 종균을 넣으면 그 자리에서 버섯이 자란다.

어느 정도 진행되자, 정글 같던 숲에 밝은 햇살이 비쳐 들었다. 햇빛과 바람의 양이 달라지면서 무성하게 자라던 풀들의 생태가 달라졌다. 멸종위기종인 춘란과 제비난초 등도 서서히 눈에 띄기 시작했다. 우리는 인위적으로 외래종을 뽑는 작업도 병행했다.

정확하게 말하자면 '숲 재생 프로젝트'와 '생물다양성 복원 작업'은 성질이 서로 다르다.

생물다양성 복원 작업은 숲에 사는 식물이나 동물을 중심으로 생물들이 살기 편한 환경을 조성하는 일이다. 낙엽이 가득 쌓이더라도 그 밑에 사는 생물을 위해 너무 깨끗하게 치워서는 안 된다.

반면에 숲 재생 프로젝트는 농가 사람들을 중심으로 한다. 뒷산을 복원해서 사람들의 생활에 도움을 주는 일이다. 농가 주민들은 필요한 것이 있을 때마다 농가림에 들어가 원하는 만큼 자원을 가지고 나온다. 이때 생물다양성은 고려하지 않는다. 낙엽이 있으면 쓸어다 퇴비로 만들고, 간벌재가 생기면 종균을 넣어 버섯을 기른다. 어떤 생물이 얼마나 살고 있는가를 고려하는 것이 아니라, 농가림을 얼마나 합리적으로 활용하느냐에 무게를 둔다.

그래서 우리 회사가 관리하는 부지에는 생물다양성을 보전할 목적으로 복원한 숲과, 농가림에 맞추어 복원한 숲이 비슷한 규모

로 혼재해 있다. 일반인들은 구별하기 어렵지만 예전에 농가림을
드나들던 사람들은 한눈에 그 차이를 알아본다.

안내를 맡은 회사의 직원들은 숲을 찾는 사람들에게 그 부분을
상세히 설명해서 서로 다른 숲을 체험할 수 있게끔 한다. "이쪽은
생물다양성을 위한 숲이고, 이쪽은 농가림입니다"라는 설명에, 방
문객들은 신기하다는 듯 고개를 끄덕인다. 정글처럼 방치되었던
숲도 일부 보존을 해두었기 때문에, 세 가지 숲의 얼굴을 한 번에
비교할 수 있다.

해마다 1억 원이 드는 여름 축제를 여는 까닭

우리 회사가 운영하는 지역 모임이 하나 있는데 이름은 '산나리
클럽'이다. 이시자카산업에서 주최하는 자원봉사 활동에 뜻을 같
이하는 이들이라면 누구나 이 클럽의 회원이 될 수 있다. 현재 회
원 규모가 상당해서 법인회사만 580사, 개인 단체가 243그룹으
로 총 인원이 2,800명을 넘는다.

이름에서 예측할 수 있듯이, 산나리 클럽의 상징은 한때 이 지
역에 군생했던 '산나리'다. 2,800명이 넘는 회원들 가운데 왜 '산
나리 클럽'인지 까닭을 아는 이들은 많지 않을 것이다. 하지만 산
나리를 모르고 이시자카산업을 모르면 또 어떠랴. 환경 보전에 뜻
을 두었다는 사실만으로 모임의 의미는 충분하다.

나는 클럽 소식지를 통해 우리 회사의 사업 내용을 소개하고, 우리 같은 산업폐기물 처리업체가 환경을 보전하는 데 어떤 역할을 맡고 있는지 설명하기도 한다. 이런 노력이 효과가 있는지, 지역 주민들은 우리를 보며 "이 회사, 좋은 일 많이 하네." 하는 칭찬을 건네곤 한다. 예전이었다면 상상도 못할 일이다.

우리는 지역 주민들과 더 많이 소통하고 싶다는 생각에서 2005년부터 해마다 여름 축제를 열고 있다. 이 축제는 회사 나름의 '진심 어린 접대', 오메테나시 중 하나다.

처음 축제에 초대받아 온 사람들은 꽤나 어색해했다. 대놓고 말하는 사람은 없었지만, 다들 불편하고 미덥지 못한 마음이 어느 정도는 있었을 것이다.

'일단 초대를 받았으니 오기는 왔는데, 대체 뭘 하겠다는 건지 모르겠네.'

사람들의 표정에서 그런 기색을 읽을 수 있었다.

그러나 지금은 정말 많은 사람들이 이 축제를 진심으로 즐긴다. 2014년 여름에는 가보쿠엔 공원에 지역 수호신을 모시는 신사를 건립했다. 이를 기념할 겸, 주민들에게 감사의 뜻을 전하는 잔치를 열었다. 이름하여 '신들이 머무는 여름밤 축제'라 칭했던 이 자리에, 지역 주민과 협력 회사 가족들이 모두 700명이나 찾아왔다.

쇼비가쿠엔(尚美学園) 대학의 학생들이 환영 콘서트를 맡아 흥을 돋우었고 훌라댄스 공연, 불 쇼 등 다양한 볼거리도 마련했다.

실컷 먹고 마시며 즐길 수 있도록 온갖 종류의 음식을 제공하는 포장마차도 즐비했다.

이렇게 큰 규모의 여름 축제를 해마다 개최하려면 사실 많은 준비가 필요하다. 담당자들은 여러 차례 회의를 거듭하며 안전 관리나 긴급 상황 대책에 만전을 기해야 한다. 손님들에게는 식사 티켓은 물론이고, 오고갈 때 이용할 수 있는 버스 편도 제공한다. 그렇게 한 번의 축제에 대략 1,300만 엔(약 1억 3,000만 원)의 비용이 든다.

상당히 큰 금액이지만 우리 축제를 즐기는 사람들의 모습을 보노라면 돈이 아깝다는 생각은 전혀 들지 않는다. 들뜬 손주들 손을 잡고 오는 할머니 할아버지, 신나게 뛰어노는 아이들, 흥겹게 먹고 마시는 주민들. 이들이 집으로 돌아가며 "고맙습니다. 정말 재미있었어요." 하고 건네는 인사만으로 충분한 보상을 받는 기분이다.

한때 우리는 산업폐기물 처리라는 본업에 죽기 살기로 매달렸고, 우리를 있는 그대로 봐달라고 소리 높여 외치곤 했다. 하지만 이제는 안다. 누군가에게 이해를 받는 데는 다양한 방법이 있다는 것을.

사람들이 여름 축제를 즐기는 모습은 지역 방송에도 자세히 소개되었다.

"이시자카산업이라는 산업폐기물 회사가 지역 이벤트를 개최했습니다."

이런 뉴스를 접할수록 우리 회사에 흥미를 느끼는 사람들은 더 늘어날 것이다. 나에게 여름 축제란 영속 기업을 향한 하나의 투자이며, 더불어 살아갈 이웃들과 나누는 따뜻한 선물이다.

"우리 회사로 소풍 오세요"

휴경지를 빌려서 밭농사를 시작했는데, 농협에 출하할 정도의 양을 수확하지는 못했다. 그래서 수확한 작물을 가공해 판매하기로 했다. 고구마 파운드케이크도 만들고, 고추를 원재료로 한 조미료도 만들었다. 이것을 부지 내에 있는 점포에서 팔기 시작했다.

이익을 따지지는 않는다. 우리끼리 하는 말로 '사회공헌 점포'라고 부를 정도로, 이 점포의 수익률은 낮다.

점포를 마련한 진짜 목적은 지역 농가와 소통하고 싶어서다.

우리는 농가 사람들에게서 제공받은 채소를 이곳 점포에서 대리 판매한다. 농가 사람들이 자유롭게 드나들며 상품을 보충하는 과정에서, 농가와 회사가 꾸준한 소통을 나누게 된다. 점포가 둘 사이를 이어주는 접점의 역할을 하는 것이다.

점포의 2~3층에는 전시 공간이 마련되어 있다. 이 공간을 월 1,000엔(약 1만 원)의 가격으로 지역 주민들에게 대여한다. 주민들은 자신이 취미로 만든 작품들을 전시하거나 판매하기도 한다.

지역 특산품을 판매하는 코너도 있다. 먼 지역에서 견학을 온 사람들이 집으로 돌아갈 때 기념품을 살 수 있게끔 준비한 곳이다. 공장 견학을 마치고 이 점포로 안내받은 사람들은 "마침 선물이 필요했는데, 잘됐다."하고 반색하곤 한다.

나는 우리 공장과 숲, 점포를 찾는 이들에게 늘 이렇게 말한다.

"소풍이라 생각하고 편히 즐기다 돌아가세요."

사람들이 이곳의 모든 것을 누리고 마음껏 가져가기를 바라지만, 개중에는 좁은 시야 때문에 스스로 배울 기회를 놓치는 이들도 있다. 그저 노하우를 알아내야겠다는 생각이나, 어떻게든 흠잡을 부분을 찾겠다는 태도는 사소한 것들에 신경을 온통 빼앗기게 만든다.

"지저분한 곳도 있네요."

"직원들이 인사 잘하기로 유명하다던데, 다 그런 건 아닌가 봐요?"

모처럼 시간을 내서 이곳까지 왔는데 이런 편협한 감상만 남는다면 너무 아깝지 않겠는가. 그러기보다 놀이 삼아 즐긴다는 가벼운 마음으로 둘러보면 오히려 평소에 하기 힘든 생각과 질문들이 떠오른다.

'왜 이런 활동을 하는 걸까?'

'이것이 우리 삶에 어떤 영향을 미칠까?'

보이는 그대로를 받아들이면 탐구할 기회가 찾아온다. 나는 우리 회사가 사람들이 오감으로 즐기는 장소가 되길 바란다.

상품이 없는 회사의 브랜드 파워 만드는 법

공장 견학을 시작하고 나서는 '브랜드 파워'에 대해 한층 깊이 고민하게 되었다.

평범한 제조업체들이라면 문제는 간단하다. 좋은 상품을 만들어 좋은 평가를 받으면 브랜드 파워가 자연히 상승한다. 브랜드 파워가 커질수록 더 많은 사람들이 그 회사의 상품을 찾고 기꺼이 구입하게 된다.

하지만 산업폐기물 처리업체의 경우 이야기가 좀 다르다. 산업폐기물 처리업체가 취급하는 쓰레기는 사람들이 더는 필요로 하지 않는 물건들이다.

침대 매트리스를 새로 산다고 해보자. 사람들은 주머니 사정이나 취향, 소비 성향 등에 따라 각기 다른 브랜드를 선택한다. 10만 원짜리를 사는 사람도 있고, 50만 원짜리를 선뜻 사는 사람도 있다. 값이 비싸더라도 제품이 마음에 들면 아까워하지 않는다.

그렇다면 낡은 매트리스를 버릴 때는 어떨까? 한 업자는 만 원을 받고, 다른 업자는 2만 원을 받는다고 해보자. 경제적 여유가 있든 없든, 굳이 2만 원짜리 업체를 선택하는 사람은 없을 것이다.

쓸모가 없어진 쓰레기는 가치도 없다. 사람들은 버리려는 물건에 의미를 부여하지 않는다. 그래서 쓰레기를 처분할 때는 오로지 처리 비용을 기준으로 업자를 고르게 되고, 싸면 쌀수록 좋다고 느낀다. 그 결과 저렴한 요금을 부르는 업자에게 대부분의 산업폐기물이 흘러들어간다. 결국 산업폐기물 업계는 가격우선주의가 팽배해진다.

그럼 다시 생각해보자. 가격만이 최선의 가치가 된 산업폐기물 업계에서 일하는 사람들은 과연 행복할까? 산업폐기물 처리업체는 직원의 만족도를 높이기 위해 노력할 수 있을까?

산업폐기물 처리업체는 쓰레기 처리 요금으로 받은 돈에서 임금을 지출한다. 쓰레기를 처리하기도 빠듯한 낮은 비용을 받으면 직원들에게는 최저 임금밖에 주지 못한다. 좋은 인재도 모집할 수 없고, 사원 교육을 충분히 실시할 수도 없다. 사회공헌 활동은 아예 꿈도 꾸지 못한다. 업계의 전반적인 수준은 절대로 향상되지 못한다.

마이너스 수준으로 떨어진 업계의 수준을 적어도 일반 제조업체와 비슷한 수준으로 끌어올리려면 가격우선주의에서 벗어나야 한다. 뛰어난 인재를 모으고, 사원을 교육하고, 업계를 육성하기 위해서는 적정 요금을 받아야 한다. 그렇지 않으면 이 업계는 절대로 달라지지 않는다.

그렇다면 사람들이 '요금이 좀 비싸더라도 이시자카산업에 폐기물을 가져가야지'라고 생각하게 만들려면 어떻게 해야 할까?

내가 내린 답은 '브랜드 파워'다.

브랜드 파워는 말로 설득해서 얻어지는 것이 아니다. 고객에게 "저희 회사는 다양한 노력을 하고 있으니 다른 업체보다 높은 비용을 지불해주십시오"라고 설명해서는 마음을 움직일 수 없다.

지역 주민들에게 보탬이 되는 활동을 지속적으로 하면서 다른 업체와는 비교할 수 없는 가치를 인정받아야 한다. 그렇게 되면 고객들도 '우리 지역에는 저 회사가 꼭 필요해. 그러니 저 회사와 거래를 해야지.' 하는 생각을 자연히 하게 된다.

나는 세상 사람들에게 '좋은 회사'라는 평가를 받는 것이 곧 우리 회사의 브랜드 파워를 높이는 일이라고 확신한다.

물론, 산업폐기물 처리업체가 브랜드 파워를 갖기란 매우 어렵다. 샤넬(Chanel)이나 루이비통(Louis Vuitton) 같은 명품 브랜드는 비싼 값만큼 좋은 물건을 남긴다. 하지만 우리의 경우, 많은 돈을 내더라도 고객이 손에 넣을 것은 아무것도 없다. 일반적인 제품은 소유하기 위해 값을 치르지만, 우리 고객들은 물건을 없애기 위해 돈을 내야 한다. 손에 들어올 것이 없는데 많은 돈을 지불할 사람이 어디 있을까?

그러나 나는 도전하고 싶었다.

다른 곳은 먼지가 그대로 날리는 노천 설비를 유지하지만, 우리는 막대한 자금을 투자해서 먼지가 밖으로 새어 나가지 않는 새 설비를 지었다. 애초에 같은 단가로는 이익이 나지 않는다.

게다가 우리는 영속 기업을 꿈꾼다. '내 아이도 다니게 하고 싶은' 회사로 키워야만 한다. 이를 위해서는 사원들에게 임금을 충분히 주고, 교육 프로그램도 개발해야 한다.

내가 그동안 '숲 재생 프로젝트'라는 사회공헌 활동을 통해 지역에서 인정받고 사랑받으려 노력했던 까닭이 바로 여기에 있다.

나는 '이시자카'라는 하나의 브랜드를 만들고 싶었다.
그리고 지금도 그 과정은 계속되고 있다.

회사의 사활을 건 도박

2014년 1월, 경제산업성의 모테기 도시미쓰 대신이 우리 회사를 시찰했다.

우리는 2013년 9월 직원들의 기본급을 6.7퍼센트 인상했고, 이후로도 해마다 추가적으로 인상할 것을 계획했다. 철거 공사의 수요가 증가했기에 가능한 일이었다. 덕분에 이시자카산업은 '증가한 수익을 임금에 반영하는 선순환을 실현한 업체'라는 평가를 받았고, 경제산업성 장관까지 방문하게 된 것이다.

도시미쓰 장관은 우리 회사를 시찰하고서 이렇게 평가했다.

"산업폐기물 처리라는 업종을 혁신적으로 바꾸려는 회사의 노력이 인상적입니다. 친환경 공장 설비에 투자하고, 직원들의 급여 인상에 앞장선 점을 높이 살 만합니다."

이런 외부의 평가에 힘입어 우리 회사의 매출액은 꾸준히 상승세를 그리며 41억 3,000만 엔(약 413억 원)을 돌파했고, 매출액 경상이익률도 20퍼센트로 올라섰다.

이것이 다시 '산촌자본주의'의 원천이 되었다. 황폐한 정글을 '자연 자본'으로 재생하고 유지하려면 상당한 자금이 필요한데, 회사가 큰 폭으로 성장함으로써 선순환을 일으키게 된 것이다.

우리는 어떻게 고수익을 올릴 수 있었을까?

그 시작은 모순적이지만 '다이옥신 소동'이었다.

우리는 쏟아지는 비난 속에 다이옥신 정화 소각로를 해체하고 '전천후형 설비'를 도입했다. 이 설비를 장만할 때 내가 주목한 것은 '불연성 폐기물'이었다. 불연성 폐기물은 한마디로 말해 '세상에서 가장 달갑지 않은 폐기물'이다. 당시 대부분의 산업폐기물 처리업체들은 소각을 통해 폐기물을 처리했다. 그래서 불에 타지 않는 폐콘크리트와 같은 불연성 폐기물은 꺼릴 수밖에 없었다. 그런 폐기물은 받을 수도 없었고, 받고 싶어 하지도 않았다. 이렇게 받아주는 곳이 거의 없다 보니, 불연성 폐기물을 대량으로 불법 투기하는 사건이 심심찮게 일어났고 사회 문제로 떠오르기에 이르렀다.

우리는 소각로를 해체하면서 이 불연성 폐기물에 주력하기로 하고, 막대한 자금을 투자해 첨단 기술이 탑재된 '전천후형 설비'를 들였다. 투자액은 무려 40억 엔(약 400억 원)이었다.

액수가 액수이니만큼 업계 사람들은 혀를 내둘렀다.

"엄청난 일을 벌이시는군요. 저희는 엄두도 못 낼 일입니다. 건투를 빌겠습니다."

업계 동료들은 우리를 만나면 이렇게 이야기를 했다. 아마도 무모하기 그지없는 투자로 보였으리라. 사실 이 업계에서 아버지는 시대를 앞선 카리스마 경영자로, 나는 아버지가 일군 사업을 말아먹으려는 못된 딸로 통했다. 건투를 빈다고는 했지만 속내는 달랐을 것이다.

'철없는 딸이 아빠 돈을 아주 퍼붓고 있군. 재미있는 구경거리가 났어.'

그러나 나로서는 이 투자가 회사의 사활을 건 마지막 도전이었다. 이 일생일대의 도박으로 회사의 존속이 갈릴 터였다.

바람의 힘으로 폐기물을 분류하는 데 성공하다

산업폐기물을 소각하지 않고 처리하기 위해서는 기술 혁신이 필요했다. 아버지의 오랜 경험과 나의 아이디어가 총동원되었다.

아버지는 한 가지 원칙을 내세웠다.

"물은 절대로 쓰면 안 돼."

원래 이 지역이 물이 귀한 곳이기도 했고, 물을 사용하면 오염된 물이 흘러가 토양까지 오염시킬 우려가 있었기 때문이다.

그래서 생각해 낸 것이 '바람'이었다. 우리는 바람의 힘을 조절해서 폐기물을 분류할 수 있는 새 설비를 들이기로 했다. 일반적으로 설비를 새로 들일 때는 몇 가지 기계로 구성되는 조립식 완제품을 구입하지만, 우리는 그렇게 하지 않았다. 우리가 원하는 설비를 완성하기 위해, 최상의 부품들을 직접 골라서 조합하기로 했다.

나는 아버지와 둘이서 전국의 제조업체를 돌며 기계를 알아보았다. 아버지는 오랜 세월 동안 다양한 기계를 사용해보았기에 각 기계의 장점과 단점이 뭔지, 우리에게 어떤 기종이 적합할지를 판단해서 조언해주셨다.

한참을 알아본 끝에 일단 몇 가지 기계를 구입해서 시험적으로 가동해보았다. 그런데 판매업체 실험실에서는 잘만 돌아가던 기계가 하루가 멀다 하고 문제를 일으켰다. 실제 현장에서는 제조업체의 개발자가 고려하지 못한 폐기물까지 다루게 되니 당연한 일이었다. 게다가 단독으로는 별 문제가 없던 기계도 다른 기계와 조합해놓으면 말썽을 일으켰다.

나와 아버지는 날마다 현장에 파묻혀서 오감을 총동원해 기계의 상태를 살폈다. 기계의 상태는 눈으로만 봐서는 다 알 수 없다. 오히려 소리나 냄새로 '뭔가 이상한데?' 하는 직감을 느낄 때가 더 많다. 우리는 문제가 발생할 때마다 설비를 개량했다. 신형 설비가 원활하게 작동할 때까지는 무려 3년이란 시간이 필요했다.

전국을 샅샅이 뒤져 우리에게 맞는 기계를 찾아내고, 3년의 시행착오를 겪은 끝에 마침내 우리는 기술 혁신에 성공했다. '이게 과연 될까?' 하는 좌절과 고민의 시간에 굴하지 않았기에 독자적인 기술을 개발할 수 있었고 지금의 이시자카산업을 만들 수 있었다. 이 일련의 과정을 통해 아버지는 '기술 혁신만이 답이다'라는 교훈을 몸소 보여주셨다.

새 설비가 완성됨과 동시에, 우리는 경쟁자가 거의 없는 '불연성 폐기물 시장'에서 빠르게 입지를 굳혔다. 수익 또한 안정적으로 상승하기 시작했다.

현재 우리 회사에 들어오는 건축 폐기물의 감량화 및 리사이클화 비율은 무려 95퍼센트에 달한다. 건설 현장과 철거 현장에서는 일반 쓰레기와 불연성 폐기물이 혼합되어 나오는데, 이것을 95퍼센트 수준으로 재활용할 수 있는 회사는 일본에 이시자카산업을 포함해, 단 세 곳뿐이다.

이렇게 폐기물 처리 요금을 받아 수익을 올리고, 그 폐기물을 리사이클하여 또 다른 수익을 올리는 '이중 수익 구조' 덕분에 이 시자카산업은 업계에서 독보적인 성장세를 이어가고 있다.

경쟁자가 적으면 굳이 싼 값으로 승부를 걸지 않아도 된다. 가격 경쟁에 휘말리지 않고 질 좋은 서비스를 제공하여, 가격 설정에 주도권을 쥘 수 있다.

우리는 새 설비를 도입하고 나서 폐기물 처리 요금을 조금씩 올리기 시작했다. 연료비 상승, 최종 처리장의 단가 상승 등 여러 원인이 작용했지만, 가장 큰 이유는 '폐기물 처리 요금은 저렴할수록 좋다'라는 업계의 상식을 바꾸고 싶었기 때문이다.

그렇다고 시세가 100만 원인데 느닷없이 200만 원으로 올릴 수는 없다. 그렇게 하면 고객들에게 외면당할 것이 뻔하다. 먼저 고객의 이해를 얻는 과정이 선행되어야 한다. 우리는 충분한 시간을 들여 그 과정을 거친 후, 상식적인 수준으로 천천히 비용을 인상했다. 이에 따라 회사의 이익도 점차 늘어나기 시작했다.

만드는 것이 아니라 버리는 데서 가치를 창출하다

앞서도 말했듯, 우리 회사의 산업폐기물 감량화 및 리사이클화 비율은 95퍼센트라는 압도적인 수준에 달한다. 리사이클 비율을 이렇게까지 높은 수준으로 유지하는 이유는 매립하는 폐기물의 양을 조금이라도 줄이고 싶어서다. 일단 매립한 폐기물은 땅속에 남는다. 국토는 한정되어 있는데, 언제까지 쓰레기를 매립하며 살 수 있을까?

아버지는 쓸 만한 제품이 폐기물로 매립되는 모습을 보고, 앞으로는 재활용 시대가 오리라 예감했다. 그래서 리사이클 사업을 시작했다. 실제로 폐기물의 양은 지금도 계속 늘어나 곳곳에 방치되고 있다. 사람들은 쓰레기를 태워서 그 재를 땅에 묻고, 바다에 버리고, 심지어 우주에도 내다 버린다. 인적이 뜸한 산간 지역에 가보면 제대로 처리하지 못한 폐기물이 산더미처럼 쌓여 있는 광경을 어렵지 않게 볼 수 있다.

음식물 쓰레기라면 그나마 나을 텐데, 플라스틱이나 쇳조각 같은 불연성 폐기물은 50년이 지나도 썩지 않는다. 그런 폐기물이 묻힌 곳은 생태계 자체가 크게 변형된다. 땅값에 영향을 미치는 것은 물론이다. 인구가 늘어 주거지를 조성하고 싶어도 그런 땅은 피할 수밖에 없다.

세상에는 아직도 "폐기물이야 묻어버리면 그만이지. 산업폐기물 처리업체가 왜 필요해?"라고 말하는 사람들이 있다.

정말 그럴까? 그렇게 땅에 계속 묻기만 한다면 이 사회가 지속될 수 있을까? 미래를 생각한다면 매립하는 폐기물의 양을 줄여야 한다. 폐기물을 아예 만들지 않는 것이 제일 좋지만, 그건 불가능하다. 제조업체란 영리를 추구하는 조직이기 때문이다. 영원히 고장 나지 않는 제품을 만든다면 돈을 벌 수 없다. 가전제품이 고장 나서 수리를 하러 갔는데, 이미 단종된 모델이라 부품을 구할 수 없다는 이야기를 종종 들어봤을 것이다. 제조업체 입장에서는 고객들이 쓰던 제품을 버리고 새 제품을 구입해야 이익이 난다.

그렇게 폐기를 전제로 제품을 생산한다면, 제조업체들 역시 폐기물 처리 방법을 응당 고민해야 한다. 그런 고민 없이 새 제품을 계속해서 개발하는 일이 과연 옳을까?

요즘에는 지진에 강하고 불에 잘 타지 않는 건축 자재가 인기다. 그런 자재로 지은 집들은 사람들의 선호도도 훨씬 높다. 그런데 강도를 높이기 위해서는 콘크리트에 특수한 물질을 주입해야 하고, 기타 건축 자재들도 특수한 물질로 가공해야 한다. 폐기물 처리 측면에서 보면 이런 자재들은 재활용하기가 매우 어렵다.

이시자카산업은 이런 폐기물들도 어떻게든 재활용할 수 있는 방법을 고민한다. 이를 실현하기 위해 다른 설비 업체와 손을 잡고 기술 개발에 박차를 가하고 있다. 다른 업체가 취급하지 못하는 폐기물을 우리가 처리할 수 있다면 처리 요금이 올라갈 것이다. 우리는 그렇게 얻은 수익을 이용해 또다시 새로운 기술을 개발할 것이고, 그만큼 주변의 환경과 자연을 치유하고 보존하는 데 힘을 보탤 것이다.

활용하고, 활용하고, 또 활용한다.

이것이 회사를, 그리고 미래를 생각하는 길이라 믿는다.

'가격 평가'에서 벗어나 '가치 평가'로

우리 회사에는 공장 견학과 환경 교육을 전담하는 부서가 따로 있다. 약 여덟 명의 사원이 이 부서에 배속되어 방문객들의 안내자 역할을 담당한다. 아이들에게 셔틀버스 서비스를 제공하기 위해, 부서 직원들은 중형 버스 면허증도 취득해야 한다.

삼림 관리를 전담하는 부서도 따로 있다. 모두 여섯 명의 사원들이 상주하며, 철저한 산림 보호를 위해 각 분야의 전문가에게 외주를 의뢰하기도 한다.

이 두 부서는 이익을 전혀 추구하지 않는 비영리 조직이다. 직원들의 임금이나 운영비가 상당하지만, 모두 회사의 경비로 처리한다. 다른 회사의 경영자들은 이런 이야기를 들으면 의아해하곤 한다. "그러면 손해 아닙니까?" 하고 우려하는 목소리도 들린다.

하지만 나는 이것을 미래에 대한 투자라고 믿는다.

본래 이 업계는 '최대한 저렴한 가격'만을 경쟁력으로 내세운다. 그러나 요금이 낮을수록 매출액과 이익도 떨어지게 마련이다. 사원들은 박봉에 시달려야 하고, 질 좋은 서비스를 제공하지도 못한다. 이렇게 업무량은 많은데 임금이 낮으면, 불합리한 노동을 강요하는 '블랙기업' 리스트에 오를 수밖에 없다.

안 그래도 인식이 좋지 않은 폐기물 처리업계가 제 살 깎아먹기를 계속한다면 어떤 발전도 이룰 수 없다. 지역과 공생하는 영속 기업은 꿈도 꿀 수 없으리라. 나는 우리 회사가 생존하고 영속 기업으로 성장하려면 '산업폐기물 처리 요금은 싸야 한다'라는 업계의 상식을 부숴야 한다고 생각했다.

방법은 바로, 우리에게 있는 것을 활용하는 것이었다.

우리에게는 잡목림이 있었다. 우리가 활용해야 할 자본은 '황폐한 숲'이었다. 마을의 버려진 뒷산과 생태계를 자연 자본으로 보전하면서 그 숲에 사람들을 끌어모았다. 그러자 세간의 이목이 서서히 집중되기 시작했다.

'저 산업폐기물 처리업체는 왜 저렇게 돈 안 되는 사회공헌 활동을 할까?'

이런 의문을 품은 사람들이 생겨났고, 그 의문을 해소하기 위해 공장을 찾아왔다.

나는 이곳이 관광지처럼 즐거운 '환경교육 학습장'이 되기를 바랐다. 이곳에서 숲을 즐기고 직접 체험하면서 산업폐기물 처리업체에 무관심했던 사람들의 시선에 변화가 생겼으면 했다. 산업폐기물을 처리하는 일이 얼마나 사회에 도움이 되는지를 알려서 우리 업계와 회사에 대한 인식을 바꾸고 싶었다.

'부지 면적의 80퍼센트가 숲과 공원으로 이루어진 녹지'라고 설명하면 견학을 온 사람들은 깜짝 놀란다. 그리고 보통 두 가지를 궁금해한다.

'산업폐기물 처리업체가 왜 이런 일을 하지?' 하는 호기심이 첫 번째고, '이런 일을 해서 과연 돈벌이가 될까?' 하는 궁금증이 그 다음이다. 아마 부지의 80퍼센트를 녹지로 관리하는 산업폐기물 처리회사는 이 세상에 우리밖에 없을 것이다.

게다가 우리는 이 녹지를 이용해서 지역 주민들에게 오모테나시, 즉 마음을 담은 접대를 실천한다. 견학을 통해 이런 사실을 알게 된 사람들은 이시자카산업을 '재미있는 회사'라고 홍보해준다.

그런 노력이 쌓인 결과, 이시자카산업은 다양한 분야에서 인정을 받게 되었다. '노력하는 중소기업ㆍ소규모사업자 300사'와 '오모테나시 경영기업선'에 선정되었고, '청소대상'과 '문부과학대신상'을 수상했으며, 2016년에는 '화이트기업대상'을 수상하기도 했다. 다양한 언론 매체에도 꾸준히 회사의 얼굴을 알리는 중이다.

경쟁 업체에 아이디어를 공개하는 회사

나는 많은 기업들이 우리 회사로 '소풍'을 왔으면 한다. 환경 교육이나 숲 재생 프로젝트로 일반 방문자의 숫자를 늘리는 것도 중요하지만, 업계 자체가 변화하려면 각 회사의 경영자나 직원들이 먼저 변해야 하기 때문이다. 그들이 우리 공장과 숲을 보고, 필요한 아이디어를 마음껏 가져다가 썼으면 좋겠다.

내가 강연회 등의 외부 활동을 활발히 하는 것도 그 때문이다. 이시자카산업의 지명도가 높아져야 더 많은 사람들이 우리 회사에 흥미를 가질 것이고, 궁금증을 해소하고자 찾아오지 않겠는가.

최근에는 다른 업종에서도 우리 공장에 견학 오는 일이 많아졌다. 일본 전역에서 다양한 단체와 기업들이 이시자카산업을 찾는다. 우리보다 규모가 훨씬 더 큰 유명 기업이 사원 교육의 일환으로 견학을 신청하기도 한다.

다양한 업계의 유명 기업들, 큰 기업들이 이시자카산업에서 뭔가를 배우려 한다면 무엇보다도 같은 업계의 사람들이 의문을 품을 것이다. 신문에 우리 회사의 기사가 자꾸 실리고, 입소문도 퍼지는데 신경이 쓰일 수밖에 없다.

'기껏해야 산업폐기물 처리업체인데, 언론에서 왜 저렇게 띄워주지?'

'우리와 다를 게 뭐 있다고 유명 기업 사장들이 견학을 갈까?'

그렇게 되면 업계의 경영자들이 귀중한 시간과 교통비를 지불해가며 우리 회사를 찾아올 것이다. 그리고 일반적인 산업폐기물 처리업체와 무엇이 다른지 직접 보고 느끼게 되리라. 어떤 경영자든 자신의 회사를 더 가치 있는 기업으로 만들고 싶어 한다. '좋은 회사'를 만들고 싶다는 생각에 '우리도 이시자카산업을 따라해볼까?' 하고 욕심을 낼지도 모른다.

먼지를 내보내지 않도록 설비를 건물 안으로 넣고, 지붕에 채광시설을 갖추어 전기를 절약하고, 3S 활동을 시작하고, 빗물을 활용하고, 지역에 봉사활동을 펼치고……. 가져갈 아이디어는 얼마든지 많다.

실제로 어떤 경영자는 우리 회사의 직원들이 활기차게 일하는 모습을 보고 이렇게 말하기도 했다.

"사원들이 이렇게만 바뀐다면 교육에 투자하는 돈이 아깝지 않겠군요."

또 어떤 회사는 우리 회사의 설비를 보고 똑같은 기계를 구입하기도 했다. 나로서는 아주 반가운 일이다. 우리의 설비든, 제도든, 프로그램이든, 필요한 것을 얼마든 가져가 자사에 활용했으면 좋겠다. 그들도 우리를 흉내 내어 설비와 교육에 투자를 하고, 가격 우선주의에서 벗어나 질 좋은 서비스를 고민하게 되기를 바란다. 그런 변화가 이어져 업계 전반이 동반 성장하고, 고객과 환경에 더 이로운 사업을 펼치게 되리라.

이것은 나라와 경제를 위한 일이기도 하다. 폐기물 처리 요금이 적정 수준으로 상승하면, 산업폐기물 업계의 직원 만족도와 고객 만족도 또한 높아지게 된다. 과중한 업무량에 비해 턱없이 낮은 임금을 지불하는 블랙기업들도 점차 사라질 것이다. 이런 현상이 다른 업계로, 나아가 나라 전체로 번져나간다면 더 바랄 것이 없을 듯하다.

총리대신이 궁금해한 '선순환 경영'의 비밀

2013년 12월 16일, 나는 '중소기업 경영자와의 의견교환회'에 참석하기 위해 수상 관저로 향했다. 이 자리에는 이시자카산업을 포함, 모두 여섯 회사의 경영자가 참가했고 아베 신조(安倍晋三) 내각총리대신, 스가 요시히데(菅義偉) 관방장관, 모테기 도시미쓰 경제산업성 대신(당시)도 함께했다.

이 자리에서 아베 총리대신은 내게 이렇게 인사의 말을 건넸다.

"엄청난 일을 하셨더군요."

"감사합니다. 남미 카리브 해 연안의 10개국 대사들도 저희 회사를 찾아와 주셨습니다. 총리께서도 기회가 되신다면 저희 회사를 방문해주셨으면 합니다. 다른 기업들의 귀감이 될 좋은 계기가 되리라 생각합니다."

이때의 만남을 인연으로, 이후 모테기 도시미쓰 경제산업성 대신이 실제로 우리 회사를 시찰하러 왔다. 그는 "산업폐기물 처리라는 업종을 혁신적으로 바꾸려는 회사의 노력이 인상적"이라는 평가를 남겼다.

내가 수상 관저에 초정을 받은 까닭은 우리 회사가 실시하는 '선순환 경영' 때문이었다.

이시자카산업은 2013년에 급여 체계와 연수 제도를 동시에 전면적으로 개정했다. 모든 사원들에게 공통으로 적용되던 급여 테이블을 직종에 따라 일곱 가지 부문으로 세분화했고, 업무의 난이도에 따라 차등을 두었다. 더불어 각 직종에서 승급하는 데 어떤 기능이 필요한지도 공식화했다. 이에 따라 사원들은 자신의 부문에서 어떤 기능을 익히면 어느 정도의 연봉을 기대할 수 있는지

미리 계산할 수 있게 되었다.

이시자카산업의 현장직 사원들은 업무 숙련도에 따라 단계적으로 승급할 기회를 얻는다. 만약 자발적으로 새로운 기능을 익힌다면 큰 폭의 승급도 가능하다. 예전에는 폐기물을 수작업으로 분류하는 선별작업자들의 경우 급여가 상대적으로 낮은 수준에 머물렀지만, 새롭게 개편한 급여 체계에서는 다르다. 새로운 중장비 조작 기능을 습득하면 언제든지 급여 테이블이 높은 직종으로 옮겨 갈 수 있다.

급여 체계만 개편한 것이 아니다. 기본급 자체를 평균 6.7퍼센트 인상하여, 사원 전체의 급여 수준을 동시에 향상시켰다. 예컨대 고졸 설비기술자의 경우 27만 8,400엔(약 278만 원)이었던 월급이 30만 250엔(약 300만 원)으로 올랐다. 오른 월급만큼 사원들의 사기도 함께 높아졌다.

사원들의 기술 향상을 도모하기 위해 '이시자카 기술교실'도 개설했다. 약 40종류의 강좌를 운영하며, 사원들은 업무 시간이 끝난 이후 자유롭게 참가하여 기술을 습득한다. 새로 정비된 연수 제도를 통해 한층 다양한 기술과 정보도 접할 수 있다.

회사 측에서는 사원들이 이시자카 기술교실의 강좌를 평균 열 개 정도 신청하리라 예측했는데, 운영 결과 실제로는 한 사람당 평균 20개의 강좌를 듣는 것으로 나타났다. 예상치의 두 배에 달하는 성과다. 사내 설문조사에 따르면 '더 수준 높은 강좌를 개설해주었으면 좋겠다'는 목소리가 많다.

임금이 오르면 직원들의 수준이 향상되고, 그 결과 회사에 더 많은 이익이 발생하는 선순환이 일어난다. 이것은 산업폐기물 업계에 아주 중요한 문제다. 건설 폐기물의 양은 갈수록 늘어나고 있으며, 다양한 신소재가 개발되면서 처리하기 힘든 폐기물의 종류도 많아졌다. 이럴 때일수록 높은 기술력을 갖춘 인재를 육성해야 한다. 그래야 까다로운 대량의 폐기물을 리사이클할 수 있고, 높은 수익을 얻을 수 있으며, '산촌자본주의'를 위한 자금 또한 확보할 수 있다.

지란지화(芝蘭之化).

즉, 좋은 친구와 사귀면 자연히 그 아름다운 덕에 감화된다는 뜻이다. 업계의 모두가 지란지화의 미덕을 실천하는 날이 오기를 바란다. 기업으로서 마땅히 갖추어야 할 태도와 가치관, 방향성을 함께 공유하고 더불어 커나가기를 소망한다.

새로운 파도가 밀려왔을 때
즐겁게 올라탈 수 있는 회사가 되려면

회사를 경영하는 방법은 십인십색이다.

벌 만큼 벌고 자기 세대에서 회사를 접는 경영자도 물론 있겠지만, 아마도 대부분의 경영자는 회사가 오랫동안 이어져나가기를 희망할 것이다. 그리고 경영이 순조롭다면, 이왕이면 자신의 자녀가 회사를 물려받기를 원할 것이다. 만약 그렇다면, 회사를 세운 창업자는 그 정신을 자녀에게 분명하게 전달하는 일부터 시작해야 한다. 그런데 안타깝게도 나를 포함한 많은 사람들이 자신의 꿈이나 뜻을 전달하는 데 서툴다.

우리 회사에 견학을 온 경영자들은 내게 이런 질문을 던진다.

"왜 회사를 이어받아야겠다고 생각했습니까?"

"어째서 아버지는 딸인 당신에게 회사를 물려주셨습니까?"

그들 역시 자녀를 둔 가장의 입장이니, 필시 고민이 많으리라.

'나는 딸밖에 없는데, 딸이 힘들어서 이 일을 어떻게 해.'

'우리 애는 다른 직업을 가지고 싶어 하니까, 이 일을 강요하면 안 되겠지.'

'나도 갖은 고생을 하면서 여기까지 왔는데 아이들에게 이 고생을 물려줄 수는 없어.'

이런 고민들은 물론 자녀를 사랑하고 배려하는 마음에서 비롯되었을 것이다. 하지만 그 생각은 '틀렸다'. 자녀의 마음을 헤아리기 이전에 창업자의 생각을 전하는 것이 먼저다. 이른 시기부터 자녀에게 그 일을 보여주고, 그 일에 대해 스스로 생각해서 결정할 수 있게끔 도와야 한다.

장차 회사를 이어야 하니까 공부도 많이 하고 좋은 대학에 가야 한다고 미리부터 당부하는 이들도 많은데, 이 역시 순서가 뒤바뀌었다. 아무리 학력이 높아도, 아무리 지식이 많아도 창업자의 정신이나 회사의 존재 가치를 이해하지 못하면 진정한 의미에서 회사를 계승하기란 불가능하다. 창업자의 이념을 모르고서는 부모 세대에 힘겹게 쌓아올린 자산을 제대로 활용할 수 없다. 그렇게 되면 결국 창업자와 후계자는 서로 대립하게 된다.

　나는 아이들에게 회사를 물려주고 싶었다는 아버지의 생각을 듣고 회사를 이어받아야겠다고 결심했다. 그래서 아버지의 꿈이자 내 꿈이 된 '영속 기업'을 목표로 지금까지 달려왔다. 회사를 경영하고 있으니 이익 창출을 중요시해야겠지만 내게 그것은 영속 기업으로 나아가는 과정의 하나일 뿐이다.

　공원을 조성하고, 버려진 잡목림을 재생하고, 환경 교육에 힘쓰고, 주민들을 위한 여름 축제를 열고……. 이런 노력에는 막대한 비용이 든다. 회사의 이익만을 생각한다면, 모두 쓸데없는 바보 같은 행동에 지나지 않을 것이다. 하지만 회사가 오래도록 존속하는 것을 목적으로 삼으면 이런 봉사 활동은 지역에 뿌리내리기 위한 현명한 투자가 된다.

　회사의 존속을 최선의 목표로 삼으면, 후계자로서 '창업자를 넘어서야겠다'는 욕심도 부리지 않게 된다. 그보다는 창업자의 정신을 이어나가고, 앞서 이루어낸 것들을 활용하는 데 집중한다.

창업자는 밑바닥에서부터 회사를 키웠다. 그러니 창업자 자신이나 주위 사람들 눈에는 2대 사장이 부족해 보일 수밖에 없다. 사실 2대 경영자가 창업자와 같은 속도로, 같은 사업을 확장하기란 힘든 일이다. 시대가 달라졌고, 사회적인 분위기와 여건도 달라졌다. 이런 상황에서 창업자가 일구어낸 회사를 그대로 지켜나가기란 결코 쉬운 일이 아니다.

나는 '2대 사장은 회사를 이어받아 유지하는 것만으로도 충분하다'고 생각했고, 적어도 그런 마음으로 사장 자리를 물려받았다. 그렇기 때문에 회사의 기반을 다지는 일이나 사원 교육과 같은, 결과가 금방 눈으로 드러나지 않는 일들에 시간을 쏟아부을 수 있었다. 그리고 역설적이게도 그 결과, 아버지가 세운 회사와는 또 다른 모습의 이시자카산업을 만들 수 있었다.

언젠가 시대가 바뀌고 여건이 달라지면 다른 사업으로 전환해야 할 시기가 올지도 모른다. 그때 새로운 기회를 붙잡으려면 지역에 확실하게 뿌리내리고 주민들에게 두터운 신뢰를 받고 있어야만 한다. 지금 나는 바로 그것을 위한 일을 하고 있다.

신뢰는 하루아침에 쌓이지 않는다. 만약 내 대에서 신뢰를 얻지 못하면, 3대째나 4대째에 사업을 전환해야 할 시기를 맞이했을 때 다음 단계로 나아가지 못할 것이다. 회사는 무너질 것이고, 창업자의 정신 또한 사라질 것이다.

아버지는 지금 일선에서 물러나 고문 역할을 맡고 계신다. 일밖에 몰랐던 경영자였던지라 처음에는 회사 일에 자꾸만 신경을 쓰셨다. 일이 줄어 적적하기도 했을 것이다. 그래서 이래라저래라 잔소리를 많이 하셨다.

한번은 아버지가 사장실에 와서는 사업 방침에 대해 나를 한참이나 나무랐다. 그러고 싶지는 않았지만, 나도 속상한 마음에 울음을 터뜨리고 말았다.

"아버지가 대표권을 쥐고 계시는 동안, 왼쪽이라고 하면 왼쪽으로, 오른쪽이라고 하면 오른쪽으로 배의 키를 돌렸어요. 저는 아버지의 가장 훌륭한 조력자이고 싶었어요. 만약 아버지가 오른쪽이라고 판단했는데 그것 때문에 회사가 망했다 해도 저는 아무런 원망을 하지 않았을 거예요."

아버지는 묵묵히 듣고만 계셨다.

"지금까지 아버지의 꿈을 실현하려고 애써왔어요. 다행히도 그 꿈이 어느 정도 실현됐지만, 저와 아버지는 방법이 다를 수밖에 없어요. 만약 제 방법이 싫으면 다시 대표권을 가져가세요."

"말도 안 되는 소리!"

"아버지는 이 회사를 영속 기업으로 만들고 싶어 하셨잖아요. 제 꿈도 아버지와 같아요. 방법만 다를 뿐이라고요. 그러니까 저를 좀 지켜봐 주시면 안 돼요?"

아버지 마음도 편치 않았으리라. 입을 굳게 다물고 한참을 있다가 이윽고 나지막하게 한마디를 꺼내셨다.

"매사에 충분히 생각하고 행동하거라."

그러고는 돌아서서 사장실을 나가셨다. 아버지의 뒷모습이 쓸

쓸했고, 새삼 감사했다.

언젠가는 나도 이 회사를 다음 사장에게 넘겨주고 이 방에서 나갈 날이 오리라. 그날이 올 때까지 나는 조금이라도 더 좋은 회사를 만들기 위해 최선을 다할 것이다. 조금의 후회나 망설임도 남기지 않으리라.

나는 회사 사람들에게 둘러싸여 자랐다.

격동의 시대를 거치면서 회사는 크게 달라졌다.

20대가 되어 별 생각 없이 아버지 일을 돕다가, 폐기물을 줄이고 다시 활용하는 일의 가치를 깨달았다.

결혼과 출산, 육아, 그리고 갑자기 터진 다이옥신 소동……. 그야말로 숨 가쁜 나날을 보냈다.

아버지의 열정을 알고 사장 자리에 오른 것이 갓 서른의 일이다.

'회사가 갖추어야 할 참다운 자세가 무엇일까?'

사장이 된 나는 늘 자문했다. 내가 얻은 답은 '지역 사람들과 하나가 되는 영속 기업으로 자리하는 것'이다. 그리고 40대가 된 지금까지 그 답을 향해 나아가는 도전을 멈추지 않고 있다.

2015년 8월, 우리 회사는 '다세대 커뮤니티 구누기노모리 교류플라자'를 설립했다. 일본 전역과 세계 각지에서 찾아오는 많은 사람들이 함께 어울려 이 지역의 역사와 문화에 대해 이야기를 나눌 수 있도록 마련한 시설이다. 교류플라자라는 아이디어를 처음

떠올린 것은 2013년, 남미 카리브 해 연안 10개국의 대사들이 우리 회사로 견학을 왔을 때였다. 이 외교단의 대표인 코스마스 시파키(Kosmas Sifaki) 파나마 대사에게서 이런 말을 들었다.

"라틴아메리카의 많은 지역이 경제 성장과 더불어 낡은 인프라를 해체하고 새 인프라를 건설하고 있습니다. 산업폐기물의 배출량은 늘고 있는데 재활용 기술은 그 속도에 미치지 못합니다. 폐기물 재활용 비율이 100퍼센트에 가까운 이시자카산업의 기술을 배워 조국에 알려주고 싶습니다."

그의 말을 듣는 순간, 우리의 산업폐기물 처리 기술이 세계에 통용될 수 있겠다는 확신이 들었다. 그래서 외국인들이 우리 회사를 더 많이 찾아올 수 있는 환경을 만들고자 교류플라자를 세운 것이다.

이시자카산업은 현재 재활용에 주목하는 대학과 손을 잡고 공동 연구를 진행하고 있다. 앞으로 자체적인 연구기관을 세워서 폐기물에 관한 연구를 지속하는 것이 나의 비전이다. 이 분야에 관심이 있는 전 세계 학생들을 우리 연구기관에 초대하여 함께 지식을 나누었으면 좋겠다. 폐기물을 효과적으로 리사이클하는 방법, 지역 환경과 공생하는 활동 등에 대해 깊이 있는 연구도 할 수 있으리라.

우리의 일을 바라보는 관점과 해석은 다양하다. 그 의견들을 모아 누구나 쉽게 활용할 수 있는 형태로 바꾸는 일을 해낸다면, 우리 회사가 속한 이 지역이 그 구심점 역할을 맡을 수 있다면, 조상들이 지켜온 이 땅과 저 숲이 틀림없이 기뻐해주리라 믿는다.

자연과 공생하는 기업만이 100년 후를 내다볼 수 있다.

이를 위해 달려가는 우리의 노력은 이제 막 시작되었을 뿐이다.

지금까지 이시자카산업을 지켜봐주신 모든 고객들, 지역 주민 여러분, 사원 여러분께 한없는 감사를 드리고 싶다. 우리는 앞으로도 이 지역에 뿌리내리는 기업이 되고자 최선을 다할 것이다. 그 발걸음들이 세월과 함께 쌓이면 아버지가 그토록 원했던 영속 기업으로 설 수 있으리라.

마지막까지 이 책을 읽어주신 독자 여러분께도 진심으로 감사를 드린다.

옮긴이 김현영

수원대학교 중국학과 졸업하였다. 현재 번역 에이전시 엔터스코리아에서 출판기획 및 일본어
전문 번역가로 활동하고 있다.

주요 역서로는
『도요타 생산방식』,『현장경영』,『전설의 사원』,『오노 다이이치와 도요타 생산방식』,『논리의
힘』,『군주론』,『명참모의 조건』,『논쟁기술』,『죽도록 일만 하다 갈거야』,『여자의 센스가 회사를
살린다』,『중국 재상 열전』등 다수가 있다.

반딧불이 CEO

초판 1쇄 발행 2018년 3월 23일

지은이 이시자카 노리코
펴낸이 김재현
펴낸곳 지식공간

출판등록 2009년 10월 14일 제300-2009-126호
주소 서울 은평구 진흥로67 (역촌동, 5층)
전화 02-734-0981
팩스 0504-398-0934
홈페이지 www.oceo.co.kr
메일 nagori2@gmail.com

디자인 Design IF

ISBN 978-89-97142-73-6

ZETTAI ZETSUMEI DEMO SEKAIICHI AISARERU KAISHA NI KAERU!
by Noriko Ishizaka
Copyright © 2014 Noriko Ishizaka

Korean translation copyright © 20XX by JISIK GONGGAN
All rights reserved.
Original Japanese language edition published by Diamond, Inc.
Korean translation rights arranged with Diamond, Inc.
through EntersKorea Co., Ltd.

오씨이오(OCEO)는 지식공간 출판사 브랜드로 CEO가 쓴 책만 출간합니다.